過去世が教えてくれる幸せの法則

上地一美

装丁・DTP　亀井英子
校　正　滄流社

パラパラおみくじ
【本日のメッセージ】の使い方

この本を手に持ち、目を閉じます。大きく深呼吸をして心を整えたらページを開きます。開いたところに指を置きます。目を開けて、指があるページが何ページか、確認しましょう。それが本日のあなたの数字です。巻末にメッセージがあります。数字を探して魂からのメッセージを受け取ってください。

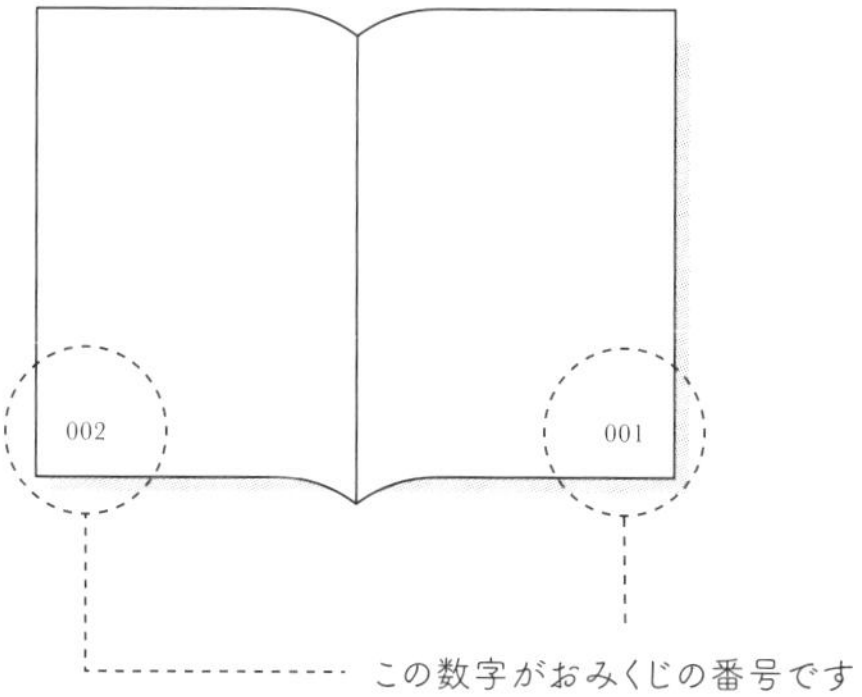
002
001
この数字がおみくじの番号です

はじめに

こんにちは、上地一美です。

この本を手に取ってくださって、ありがとうございます。

沖縄の宮古島に生まれ育ったわたしは、幼いころから、霊視の能力が強く、科学では説明できない不思議な体験をしてきました。

おとなになってからは、その能力を使って多くの人を鑑定してきました。

マイナスな感情に囚われている人たちに、よりよい未来へ希望の道標となるよう、霊視で届いた過去世からのメッセージをお伝えしています。

ここ数年、生きづらさを感じている人が多いように思います。これまでもたくさんいたのですが、とくに増えたように感じるのです。

家族や会社からのプレッシャーと戦い疲れた人。

仕事を失い、どうやって生きていけばいいのか途方に暮れている人。

何をしても悪い方向にしか進まない人。

みなさんに共通するのは、未来への希望が持てなくなっているということ。社会全体に漂う閉塞感に押しつぶされそうなのです。

この本を手に取ったということは、きっとあなたも、未来に希望が持てないのだと思います。


もう大丈夫です。

あなたはマイナスのクセを手放せます。

五感が研ぎ澄まされます。

過去世からのメッセージを受け取り、受け止めて行動できます。宇宙のエネルギーに助けられ、心と経済が安定します。

不安にならないで。この本が、希望の道標です。

必ず、あなたには明るい未来がやってきますよ。

過去世が教えてくれる幸せの法則　ー目次ー

魂は人間の感情を使ってメッセージをわかりやすく翻訳している

星のかけらに戻った魂は愛情のあった人のところに遊びにくる

五感を研ぎ澄まして魂のメッセージに敏感になろう

人間はすぐに環境に順応できる。メリットでありデメリットでもある

コーヒー瞑想で五感の緊張をほぐそう

急かされず生きると魂からのメッセージに敏感になれる

プラスの感情で陽の星のかけらを引き寄せると望みが叶いやすくなる

偽ポジティブに要注意。魂からのメッセージをムシして現実逃避しているだけ

魂からのメッセージをムシしたら副腎腫瘍で危うく死ぬ寸前でした

純粋で汚れのない人は過去世のイメージを形にしていく運命にある

「過去世はエジプト人」が集まった不思議な飲み会

過去世からのメッセージ

第二章　マイナスのクセと人間関係　081

マイナス思考の連鎖が長くなると魂が攻撃され、心体が壊れる
身近な人に自殺されても自責の念に囚われないで
念とは怖いと思う人の気持ちが魂からポロンと落ちた黒い影
日頃の習慣が念を溜め、溜まった念は死神を呼ぶ
父の魂が肉体から離れたがっていたときのこと
断られて人間関係を悪化させる人、断れなくて人間関係を悪化させる人
マイナスの出来事にマイナスのフィルターをかけていては問題は解決できない
妄想が相手を責め、自分を苦しめる
闘争逃走本能はいまはいらなくなった本能
本来の逃走本能に従えないと闘争本能過多となり危険
命の危険を感じたら逃げる許可を与える
離岸流で溺れかけたときも魂からのメッセージで助かった
過去世からのメッセージ

過去世からのメッセージ

偶然は、あくまでも結果的に偶然に見えるだけ
いくつもの必然がより合わされることで生まれるもの
思いがけないほどの幸い
偶然に得られる幸運に

自分の人生は自分にしか決められない
予想外の方向に運命が転がって
そこで学べることがある

先のことを考えるあまり
慎重になりすぎるのはよくない
不安は行動の足りなさ
楽観的に生きて

第一章

魂は星のかけらの集合体

魂は、わたしたちが生きるために宇宙から与えられた能力

「わたしは霊感がないから」とか「わたしは鈍くて第六感なんてわからない」というようなことを、よく耳にします。

これね、誤解なんです。

誰にでも、霊感は備わっているし、第六感も働いているし、直感も冴えているんです。

ただ、使えていないだけ。

霊感も第六感も直感も、魂からのメッセージを敏感に受信できる能力の

ことをいいます。ネイティブ・アメリカンも「直感を信じなくて何を信じる？」と言いますよね。

本来その能力は、人間の祖先が種をつないで、生き延びるために宇宙から与えられたもの。風の匂いや雲の形であしたの天気がわかったり、漂う匂いや気配で敵の襲来がわかったり。寒いと感じれば火を焚いて暖を取ったり、毛皮を衣類にしたり。

魂からのメッセージを敏感に受信できる能力は、五感や自分の感情と密接に関わっていたのです。

ところが、文明が発達するにつれ、わたしたちは五感に頼らなくても命の危険にさらされないようになりました。社会が高度になるにつれ、人間関係を円滑に進めるために自分の感情を素直に出さなくなりました。

やがて五感が鈍くなり、感情表現がヘタになって……。

結果、魂からのメッセージを受信する能力が衰えました。

だからね、いろんな人が「わたしは霊感がないから」とか「わたしは鈍くて第六感なんてわからない」と言うのも、よくわかるのです。霊感も第六感も直感も備わっているのに、上手に使えていない状態だから。

なんて、もったいない！

魂からのメッセージは、自分の人生を、どの方向で、どのやり方で、どのタイミングで進めばいいのかを教えてくれる道しるべです。

道しるべを使えていないのは、暗闇の中を懐中電灯を持たずに歩くようなもの。朝になったら森に迷い込んでいた、なんてこともあるかもしれません。場合によっては川に流されたり崖から落ちたり……。

危ないですよね。

道しるべを上手に使えるということは、進むべき道を間違わず、欲しいと思うタイミングで欲しかったものが舞い込み、ピンチだと思えていたことがチャンスになり、出すべき判断を間違えずに済むということ。人生が好転し、心と経済が安定しますよ。

せっかく備わっている、人生の道しるべ、積極的に活用しましょうよ。

そのためにも五感を研ぎ澄まして、感情に素直になって、魂からのメッセージを受信する能力を高めましょう。

魂は星のかけらの集合体
星のかけらは過去世の記憶を持つ小さな粒

魂は星のかけらの集合体です。

人間が亡くなると、その人の魂は星のかけらになって宇宙に戻ります。それこそ何百万年もの間、人間が生まれるたびに魂が宇宙からやってきて、亡くなると宇宙へ戻っていきました。いまでは、いろんな人生の記憶を持った星のかけらが宇宙を漂っています。

物心ついたときから霊感が強く、魂の存在を知っていたわたしは、魂がどこにあるのか、魂が何なのか、幼いころから気になっていました。

中学生になると、理科の時間に化学記号を習いますよね。

理科の先生が

「元素というのは素粒子なんですよ。宇宙でビッグバンが起こって、元素が誕生して、生物が生まれて」

というような話をしたあとに

「だから、わたしたちは星のかけらなのよ」

と教えてくれました。

そのときです。

脳裏に魂の姿形がパーーーンとはっきり見えたんです。

すごくすごくすっきりしました。

ひとつひとつの星のかけらはキラキラした小さな粒。それらがたくさん集まり、ひとつの塊となってキラキラ光を放っています。

小さなスワロフスキーでできた塊のようなイメージ。

地球も人間も、ビッグバンや超新星の爆発でつくられた元素、星のかけらからできています。自分の体をつくるものが、遠いむかし、夜空に光る星の一部だったと思ったら、わくわくしてきました。

ロマンティックですよね。

でもそれが……真ん丸な球体だといいのですが、そうねえ、わたしの魂はちょっといびつかもしれないです。病気や借金から影響されたマイナスの感情でダメージを受けて、何個かスワロフスキーが剥がれ落ちました。修復しましたが、性格がざっくりしているせいか、貼りつけ方が雑。接着剤がところどころ、はみ出てる感じがします。

よく、誰それの生まれ変わりと名乗る人が何人も出現しますよね。あちこちにジャンヌ・ダルクさんがいたり。源義経さんがいたり。それってそうだよねって思うんです。

なぜって、魂は星のかけら、過去世の粒だから。

ジャンヌ・ダルクに宿っていた魂が、粉々になって星のかけらとなり宇宙を漂っています。その星のかけらの一粒一粒が、この命の魂とあちらの命の魂にちょんちょんとくっつきます。

こうしてジャンヌ・ダルクの記憶を持った人があちこちで生まれ、自分はジャンヌ・ダルクの生まれ変わりだと名乗るようになるのです。これも魂がひとつの塊ではなく、星のかけらの集合体だからなんですよね。

魂は体のどこにあるのですか？という質問をよく受けます。

わたし自身は、魂は脳の中に宿っていると考えています。むかしは、おへその奥に魂が鎮座していると考えていたけれど、最近は脳の中に収まっていると思うようになりました。

なぜって脳には未知の領域があるから。

未知の領域が魂だと考えると、すっきりストンと納得できるのです。

それにね、脳内はシナプスという電気信号のようなもので全部つながってるのに、すべてが目立った活動をしているわけではないですよね。

未知の領域部分がすべて活動したら、もしかしたら、ビッグバンが起きたときからの記憶が出てくるんじゃないかと思うんです。

でもきっと、わたしたちには喜怒哀楽の感情があるから、ビッグバンからの記憶なんて恐怖でしかないのかもしれない。それゆえ、脳に未知の領域として魂が存在しているのだと考えるのです。

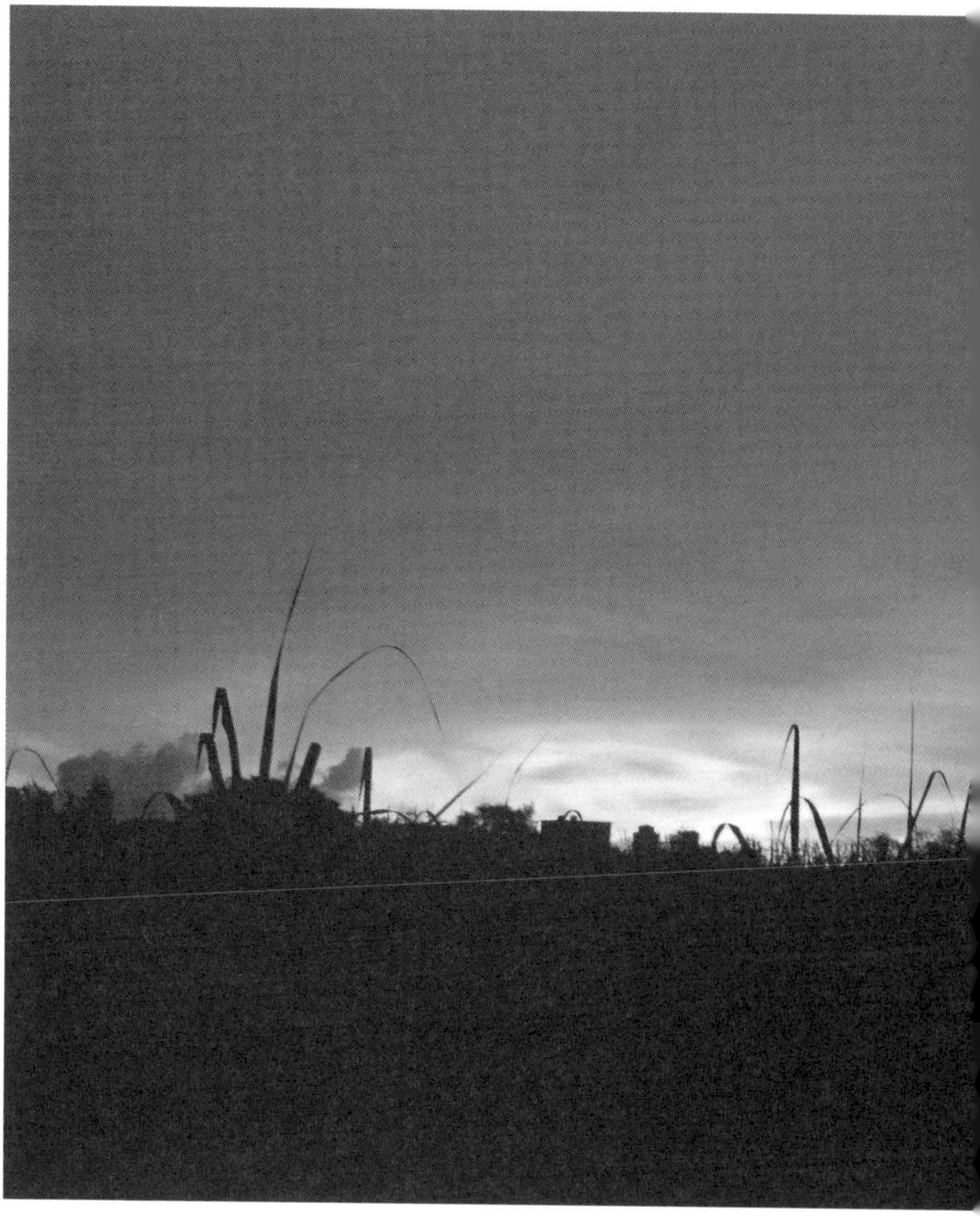

魂からのメッセージはわずか0.2秒 気のせいと流さず、受け止めることが大切

魂からのメッセージは、シナプス信号でピピッとわずか0.2秒という短さで五感に届きます。

視覚なら「いつもと部屋の様子が違うような気がする」。

聴覚なら「ドアが開いた音が聞こえたような気がする」。

感覚なら「寒気がするような気がする」。

嗅覚なら「メロンがないのにメロンの匂いが漂ってきたような気がする」。

味覚なら「いつもより苦いような気がする」などなど。

「ような気がする」「ような気がする」って……。まるで、どこかのお笑い芸人さんの口上みたいですね。でもね、そう、わたしたちが普段「〜のような気がする」と感じていることが、魂からのメッセージなのです。

魂からのメッセージを聞き逃さないようになるためには、日頃から正直な感情をムシしないことが重要です。「羨ましい」と思ったなら、きちんと「羨ましい」を受け止める。「怖い」と感じたなら、きちんと「怖い」を受け止める。そこに意味があるのです。

ムダに怖がる必要はないし、ムダに怖くないふりをする必要もない。「あ、いまわたしは怖いを感じたのだな」と文字通りシンプルに受け止めればいいのです。「羨ましい」と思ったときも同じ。「羨ましい」という感情を、恥ずかしがる必要はないのです。

部屋に入った瞬間に、ちょっとなんかイヤな感じがすると思ったら「イヤな感じがした」という感情を受け止め、いったん立ち止まりましょう。そして、部屋に異常がないか観察するといいでしょう。

もしも泥棒が来ていれば、部屋に泥棒の気配が落ちています。物が動いていたり、匂いが残っていたり。そういった、誰かが部屋に残していった何らかの気配を、魂からのメッセージとして、あなたは受け取っているのです。

むかしの人が言う「虫の知らせ」は、魂からのメッセージのことを指しています。受け取れれば「ん？　様子がおかしい」と立ち止まることができ、「虫の知らせで助かった」と安堵できるでしょう。むかしの人は本能的に、魂からのメッセージを生きていくうえで大事なものだと認識していたのですね。

一方で、魂からのメッセージを受け取れなかったり受け取らなかったりすると「まさかね、気のせいだ」と流してしまいます。

「気のせい」って、思いすごしの意味で使いますよね。実際には起きていないのに、そう感じた、聞こえた気がした、のような。「誰かが帰ってきたと思ったけど、気のせいだった」と使ったり。

でも、この「気のせい」が実は、非常に大事なんです。

「虫の知らせ」と同じように「気のせい」だと感じたことはたいてい、魂からのメッセージを受け取っているときだと考えた方がいい。

「音がした、まぁいっか」「匂いがした、気のせいか」と、魂のメッセージから届いた感情を軽んじていると、だんだん魂からのメッセージを受け取りにくい体質になっていきます。

逆に気に留めるようにすると、どんどん自分の直感とか本音とかひらめきとかが敏感になっていく。日頃から、魂のメッセージが0.2秒でふわっと届いたときに、意識をグイッと向ける訓練をしておくといいでしょう。

旅先で「寝苦しい」「悪夢を見る」ときは五感が気持ちいいと感じるもので浄化して

魂からのメッセージは五感に届きます。
だから、見てないけど見えているし、聞いてないけど聞こえています。
嗅覚では匂いを感じて、触覚では気配を感じます。

わたしの友人の話です。
「仕事で何度も同じ街に出張していて、いつも同じホテルに泊まっている。割とどこでも眠れるタイプだけれど、なぜかそのホテルに泊まると眠れない。息苦しくて、暑くて、体に重石が乗ってるよう。やっと眠れたと思ったら変な夢にうなされて何度も目覚める。結局よく眠れないまま朝を迎える。他のホテルや旅館ではきちんと眠れているのだから、自分に原因があるとは思えない。このホテルに何かあるのではないか？」

霊視をしたところ、そのホテルは、大むかしにお墓として使われていた場所に建っていました。これが魂からのメッセージなわけです。

友人には「この部屋は死者の念が溜まっているよ、だから苦しかったんだね。次からはそのホテルに泊まらない方がいいよ」と話しました。

溜まっている念が、肉体に危険な影響を及ぼす可能性があったのでしょう。魂は宿っている肉体を守ろうとして、五感を使ってピピッ危ないよと、友人に伝えていたのです。

友人は魂からのメッセージを受け止め、わたしに相談したからよかったものの、もし、「気のせいかな？」と流していたら、いまごろどうなっていたか……。

体調が悪いから寝苦しかったのだとか、気のせいだろうなんて決して思わない方がいいです。

ホテルや旅館などで魂からのメッセージを受け取ったら、その場でなんとか対策を練ることができた方がいいですよね。

わたしはいつも「オーラソーマ」の「セラピスベイ」を持ち歩いています。宿泊先で見たくないものを見てしまったときには、浄化のために「セラピスベイ」をシュッシュッとします。水晶を置いたり、塩を盛ったりして浄化することもあります。

常に水晶や塩を持ち歩くのがたいへんな場合は、魂が五感でメッセージを伝えてきているのだから五感で応えるのがいいと思います。

好きなアロマを炷いてみるとか、ベッドの枕カバーだけ好きなものにしてみるとか。

わたしは、最近は感染症対策もあり、レモングラスの香りがするスプレータイプの消毒液を持ち歩いているのですが、それを空間にシュッシュッとすることも。これも効果がありますよ。

五感が気持ちいいと感じることをするのがおすすめです。

魂に喜怒哀楽の感情はない。人間の感情を使って
メッセージをわかりやすく翻訳している

実は魂自体に喜怒哀楽の感情はないのです。善いとか悪いといった、この世の価値観にも縛られていません。

だから、亡くなった人の魂を霊視するときには、私の感情を使って魂のメッセージを翻訳しています。

そうすると、亡くなった人のメッセージを生きている人に伝えやすいんですよね。「あぁ、息苦しいんだ」とか「痛いんだ」というのが伝わるから。

伝えるのは事象だけです。

「痛くてイヤだった」のように、マイナスな感情は伝えないようにしています。亡くなった人も、「イヤだった」の部分は伝えてほしくないと言いますよ。

同じように、魂がその人に直接メッセージを送ってくるときも、その人の感情を使って、わたしたちが理解できる言葉に翻訳しています。つまり、人間の感情を借りてメッセージを送ってくるのです。

だからどのようなメッセージであろうと、何の感情も加えず受け取ることが大切です。

自分で勝手に「イヤなメッセージだな」と思い込んで魂のメッセージを無視していたら、魂の存在を却下してるようなもの。魂には喜怒哀楽の感情はないし、善悪の価値観もないのです。マイナスかプラスかの判断はあなたがしているのです。

マイナスに感じるメッセージを受け取ったときは、素直に受け止めて改善策を考え行動する。行動することで、マイナスに思えたメッセージが、プラスのメッセージに変わります。

「あれ？　なんかこの席に座りたくないな」と思ったのなら、それも魂からのメッセージです。だから座らない方がいい。

けれど、「日本のマナーに従って接客しなくちゃ」と座りたくない席に座ると、ずっとそわそわ落ち着かない。従うのはマナーではなく、魂からのメッセージなんです。

魂からのメッセージで病気に気づけることもあります。

わたしは体に何の不調がないときでも、自分から魂に話しかけます。「ないかな？　凝りとか痛み」って。

凝りも張りも痛みも魂からのメッセージだからです。

このまま同じ生活を続けていると病気になりそうだな、というときに、魂が体の凝りという症状を利用して、わかりやすいようにしてメッセージを送ってきているのです。

いいことでもあるのですが、人間は順応性が高いため、痛みや不調にもすぐに慣れてしまう傾向があります。凝りに慣れきって、凝っているのが当たり前になった結果、凝っているのに気づいてないどころか、自分に不調がないと思い込んでいることも。

だからみなさんも、時折、立ち止まって、自分の体に話しかけてみてください。「ないかな？　凝りとか痛み」って。

星のかけらに戻った魂は
愛情のあった人のところに遊びにくる

　科学文明がここまで発達してなければ、わたしはとっくに死んでいました。少なくとも娘を妊娠して重度の妊娠中毒症になったときと、副腎腫瘍が見つかったときの2回、死んでいたと思います。

妊娠中毒症のときは臨死体験もしました。緊急出産手術のあと、自分の肉体から魂が抜け出したんです。あとで聞いたら、血圧の急激な低下で命が危なかったみたいです。

魂ってね、痛みもなければ感情もないんですよ。だからかな、死後の世界もラクで心地よかったですね。

息子がわたしの病室でひとりうずくまって泣いているのを見ても「ヤッホー！」「お母さんはここにいるよ〜」という感じ。母親なら小学生の息子がひとりで泣いていたら心を傷めたり、息子を抱きしめてやったりするはずなのに、感情がまったく動かない。魂になると喜怒哀楽の感情がなくなるんだと知りました。

あの世からはこの世がぜんぶ見えています。東京に来て、ホテルのラウンジにいると、星のかけらに戻った魂をよく見かけます。魂が普通にお客さまの隣に座っていて、その人を眺めているんです。

コーヒーを飲んでいるお年寄りのところに、おばあちゃんがいました。そのおばあちゃんは、メガネをかけているおじいちゃんが連れてきた魂です。ご夫婦なのでしょうか。ふたりで、このホテルのラウンジによく来ていたのだろうなあと思ってほのぼのした様子を眺めていました。

五感を研ぎ澄まして
魂からのメッセージに敏感になろう

五感を研ぎ澄ますと、見えてないのに見えるようになるし、聞こえてないのに聞こえるようになります。

こんなことがありました。

近くに誰もいない静かな砂浜でひとりシートに座って波を見ていました。遠くには海水浴を楽しんでいる人たちがいます。彼らの声は、声として聞こえないのだけど、音として、何かＢＧＭのような感じで聞こえていました。とても静かでした。

最初は海をずーっと見ていました。ザザーン、ザババザバザバザバーッ。ザザーン、ザババザバザバザバーッ。波の音が一定のリズムで打ち寄せています。次第に、風の音に強弱があるのもわかってきました。

波がザバーンと大きくなるときは、たいていその直前に風が強くなっているんです。もうすぐ強い風が吹きそう、ってわかるんですよね。

飛行機の音も聞こえるようになりました。見上げても見えないんですけど、もうすぐわたしのいる方に飛行機が飛んでくるのがわかるんです。

おもしろくて、長い間、砂浜に座っていました。

五感を研ぎ澄ますと、いろんなことをキャッチできるようになるんですよね。

人間はすぐに環境に順応できる
メリットでありデメリットでもある

音は慣れると聞こえなくなります。
たとえば、鶏のいる家に泊まりにいったときのこと。
朝、雄鶏のコケコッコーの大音量にびっくりして目が覚めるのだけど、
2日目からはコケコッコーが聞こえなくなって目が覚めなくなります。
雄鶏は毎日鳴いているのに、わたしの脳が慣れて反応しないのです。

ビーチで働いている友人は、水上スキーの音は気にならないと言います。

だけど営業時間が終わって、ビーチから誰もいなくなると「すごく静かだな、そういえばずっとゴォーーーーーって音がしてたな」と気づくそう。体が軽くなった感じがしたとも言ってました。

慣れて音は聞こえなくなっていますが、実際は聞こえているわけです。音で体が緊張して、よけいな力が入っていたんだと思います。

人間の順応性すごいですよね。

だから鈍くなっていくのでしょうね。どんどんどんどん便利になって。どんどんどんどん無反応になっていく。

順応性の高さはメリットでもあるけどデメリットでもあるというか。ずーっと緊張していることに気づかないから病気になるのだと思います。気づいてないだけで、五感も魂もずっと緊張しているのですから。

そのためにも五感をリラックスさせることは必要です。

テレビでヒラリー・クリントンさんがお酒を飲むと頭痛がするから飲まないと話しているのを聞いたことがあります。彼女は頭の病気をしてますよね。きっと魂からのメッセージを否定せず、きちんと受け止めたのだと思います。

体のどこかに不具合が生じたら、五感に対して何らかのメッセージが届きます。そのときの正直な感情を無視しないようにしましょう。

コーヒー瞑想で五感の緊張をほぐそう

わたしは仕事の集中力が切れると、仕事以外のことに意識を向けるようにします。そのときに使うのがコーヒー。5分から10分、短くても2〜3分、意識をコーヒーに集中させます。わたしはコーヒー瞑想と呼んでいますが、コーヒー瞑想を行うことで、集中力を途切れさせることなく、五感の緊張を取り除きます。

やり方は簡単。

自分で決めた時間をコーヒーに集中します。

コップを両手で包み込んだら目を閉じます。

コーヒーの温度を感じます。

大きく深呼吸をし鼻で香りを嗅ぎます。

目を開けゆっくりとカップを回しながらコーヒーの色を観察します。同じコーヒー色なのに違う色がたくさん集まっていることに気づくかもしれません。

そして口に含んで味を堪能する。

器を眺めるのもいいですよね。ゆっくりゆ〜っくり。静かに、丁寧に。

コーヒーへの集中を解いたら、リフレッシュしていることに気づけるはず。わずか1分でもリフレッシュしますよ。まるで違う場所にいたかのような感覚になるかもしれません。わたしは深い水の底にいたかのような気持ちになります。

繰り返して、時間になったら終了です。

集中するときは何にも考えないというよりは、コーヒーのことだけを考えます。コーヒーに意識を集中すると、不思議なことに周りのザワザワした音が聞こえなくなりますよ。

コーヒーが苦手なら、日本茶でも中国茶でも紅茶でも構いません。自分が好きな飲み物でトライしてみてください。

最近では、日本の茶道が世界的にも注目されるようになってきました。外国の企業では、社員の集中力を高めるために、お茶室を設けるところも出てきているそうですね。

茶道は戦国時代に確立されたもの。武士が戦いの前や後に精神を整えたり、スイッチを変えるためにお茶を利用したと聞きました。戦とはまったく反対のベクトルに身を置いて、集中力を高めるためにお茶を利用したのです。すごい発想です。

外も見えない狭い狭い小さなお部屋で、出された甘いものを食べ、器や道具を愛で、亭主が淹れてくれたお茶を飲む。お茶だけに集中するようにシステムが構築されています。

甘いものって、魂のエネルギーのもと。茶道は非常に理にかなったマインドフルネスですよね。魂からのメッセージに敏感になるためのものだった気がするんです。わたしもそろそろ、茶道を勉強しようと思います。

急かされず生きると
魂からのメッセージに敏感になれる

地球上に存在しているすべてが、元素からできていると考えれば、地球上のすべてに魂が宿っています。電車にも橋にも電球にも布団にも。

家もあなたにメッセージを送ります。

台所の流しの下を覗いたときに「拭いて～」とメッセージを送って「汚れてるからキレイにして」とあなたに話しかけます。あなたは「汚れてるな」と思ったけれど、知らんぷりしたり、先延ばしにしたり。

これはいけません。

いまメッセージをキャッチしたのだから、いま拭く。ホコリがあったらホコリもいま取り除く。

わずか30秒程度で済むことなのですが、それだけのことで家は喜びます。意識して続けていれば、魂からのメッセージに敏感になり、肝心なときに宇宙の力に助けられるようになるでしょう。

物をなくすときは、物からのメッセージを無視したときに起こることがほとんど。

家に帰ってハンカチをなくしたことに気づいたとします。

よ〜く1日を振り返ると、ランチをしたお店にハンカチを忘れたことを思い出す。「ああ、そういえば、あのときハンカチが椅子に落ちた気がしたんだよね」って。

これね、ハンカチからのメッセージをキャッチしていたんです。

キャッチしたんだけど、急いでいたからなのか別の何かに気を取られていたからなのか、そのままスルーしてお店を出てしまう。で、ハンカチはそのまま。

あのですね、魂からのメッセージは、予告なしに突然、ふわっと0.2秒だけ届くことがほとんどなんです。だから、魂からのメッセージが届いたときに、すぐにパッと行動するようになっていければ、より一層、魂からのメッセージを受け取れやすくなりますよ。

わたしはときどき、出かける直前で洋服を着替えることがあります。洋服に「今日、汚すから着ないで」と言われたような気がして、洋服の声に従ったのです。「汚すから着ないで」というメッセージを0.2秒で受け取って、受け止めて、行動しました。

着替えるのって面倒ですよね。昨日からこの服を着ようと予定していて、せっかくコーディネートしたのですから。そのため、洋服のメッセージをムシして、着替えずにそのまま出かけてしまうこともあります。

でも家を出て、しばらく歩いて「やっぱ落ち着かないわ」と着替えに戻ることがほとんど。洋服からのメッセージをムシできなくなるんです。

洋服を買うときに「目が合った」という人ってけっこういますよね。広い売り場で、たくさんの洋服の中で、パチッと目が合う。呼ばれてる感じがして購入する。これらも洋服からのメッセージを受け止めて行動しているのです。


グラスが置いてあるのを横目でチラッと見て、確実に叩いて落とすなと思ったら。グラスからのメッセージなんです。

この場合は、落とさない位置にグラスを移動しましょう。

わたしたちには、もともと魂からのメッセージを受け取れる能力が備わっています。文明が発展するにつれて、本能が弱くなり、魂からのメッセージにも鈍感になってしまいました。

魂からのメッセージに敏感になりたいのなら、魂だけでなく、物や気の流れのメッセージを「気のせい」「ま、いっか」「まさかね？」と流さないこと。「気のせい」と感じるということは、魂からのメッセージを受け取れている証拠なのです。

受け取ったら「気のせい」と流すのではなく「何なんだろう」って受け止めて立ち止まり行動しましょう。

時間がなかった、忙しかった、は言い訳です。

現代のわたしたちは、急かされて生きてるからこそ、魂からのメッセージを受け止める余裕が必要なのだと思います。

プラスの感情で陽の星のかけらを引き寄せると宇宙のエネルギーに助けられて、望みが叶いやすくなる

宇宙を味方につけるためには、魂からのメッセージを流さず受け取り、受け止めて行動することです。結果、宇宙が味方となって、あなたに力を貸してくれます。

ビッグバンの大爆発によって、この世界に陰と陽が生まれました。陰は逆らう力が強い性質（マイナスの性質）があり、陽は推し進める力が強い性質（プラスの性質）を持っています。陰と陽は、星のかけらとして宇宙を漂っています。

魂も星のかけらの集合体です。

あなたがマイナスの考えに囚われていたら、あなたの魂に陰の星のかけらが引き寄せられくっつきます。物事がマイナスに偏り、よくない方向へ嫌な方向へ転がりやすくなります。

あなたがプラスの考えに包まれていれば、あなたの魂に陽の星のかけらが引き寄せられくっつきます。物事がプラスに偏り、よい方向へ望む方向へと進んでいきます。

「マイナスのことばっかり考えていると、マイナスなことが起きるよね」というのは、魂に陰の星のかけらがくっつくからなのです。

そもそも魂には善悪の区別がありません。

たとえば、あなたはいま、ダイエットに挑戦中だとします。無性にポテトフライが食べたくなりました。さて、あなたはどうしますか？

「食べたら太るじゃん。ダイエットしてるのにさ」と思ったら、あなたの魂には陰の星のかけらが引き寄せられてしまいます。

なぜなら、この場合の「太る」には、あなたの気持ちの中にある「太りたくない」感情を含んでいるからです。「太りたくない」はマイナスの感情ですよね。結果、魂に陰の星のかけらを引き寄せてしまいます。

文字通り「太る」が入るんですね。

だから、どんなにダイエットに励んでも、宇宙の力が陰に作用して、ダイエットに成功できません。

どうしたらよいのかというと、マイナスの言葉を使わなければよいのです。「必ず痩せる。ポテトフライは痩せたら食べる」のように、「痩せたい」というプラスの言葉を使いましょう。

あるいは「まずはポテトフライのカロリーを運動で消費する。そのあと、ポテトフライをおいしく食べる」というように、「消費する」というプラスの言葉が効果的です。

そうすれば、あなたの魂に陽の星のかけらが引き寄せられて、宇宙の力が陽に作用して、痩せるのを手助けしてくれます。

もっと単純に「ポテトフライ食べたい。以上」と思うだけなら、あなたの魂に陰の星のかけらは引き寄せられません。何の感情も含まず、自分の欲求だけを素直に吐き出しているからです。その代わり、陽の星のかけらも近づいてこないので、宇宙の力も期待できないのですけど。

宇宙の力を味方にするには、「こうなるよね。なろうね」というプラスの言葉を口にしたり、思い浮かべたりするのが非常に効果的です。

素直にね。ポテトフライが気になって食べたくなったのは、魂からのメッセージなのですから。メッセージを受け止めて、「ダイエットに成功する」ために行動すればいいだけです。

偽ポジティブに要注意
魂からのメッセージをムシして現実逃避しているだけ

がんばりすぎて疲れてくると、朝起きたときに疲れが溜まっていると気づくことがありますよね。

もしも「今日は背中が重たいな、嫌だな」と目覚めた瞬間に意識したとしたら、あなたの魂は「重たいのが嫌」というマイナスの感情に、囚われてしまいます。そして陰の星のかけらが引き寄せられ、その日はずーっと重たいことしか起きません。

では、陽の星のかけらを引き寄せるにはどうしたらよいのでしょうか。

「重たいな」と思ってもいいのです。「背中が重たい」は魂からのメッセージなのだから、まずは素直に「重たい」を受け止めましょう。

次に「わたしの体はどうしてほしいのかな」と改善方法を考えます。「今夜はお風呂にゆっくり入って早めに休もう」と決めます。

最後に、決めたことを実際に行動すればよいのです。

魂からのメッセージを受け取ったときに、「大丈夫大丈夫、気のせい」と流す人がいます。

「背中が重たいな。でも大丈夫。気合でがんばろ〜」

「気のせいだわ、ちょっと神経過敏になりすぎかも」などなど。

一見プラスな感情に見えますが、これは偽ポジティブ。注意しましょう。

「背中が重たい」は魂からのメッセージなのです。大丈夫ではないし、気のせいでもありません。この人は、魂からのメッセージに耳を塞ぎ、自分の現実から目を背けているにすぎないのです。

魂からのメッセージを受け取って、マイナスな感情を持つ人もいます。

「背中が重たいのは、わたしだけ仕事の量が多すぎるからだ」

「会社の椅子が安物だから、背中が張ってしまった」などなど。

繰り返しますが、魂には喜怒哀楽の感情はないし、善悪の区別もありません。当然、魂からのメッセージにも喜怒哀楽の感情はないし、善悪の区別もないのです。

だから、「背中が重たい」メッセージに対して、否定的に捉えるのではなく、「そろそろ休めというメッセージだな」と好意的に受け止めればいいのです。

鑑定の際にも「体に疲れ、凝り、張り、痛み、何がありますか?」と聞くことがよくあります。みなさん、だいたい痛みって答えますよ。

それで霊視をすると、体のメンテナンスをしなくてはならない時期に、体まずがんばっていて、病気になる可能性のパーセンテージが上がっていることが多い。

わたしは「病院に気をつけてくださいね。いま、こういう痛みが体にあって、感情も、疲れた疲れた、イライラするなどマイナスに傾いているんだったら、確実に何か起きますよ」というようなことをお伝えしています。見えたことが当たりませんように、と思いながら。

病気ですから、当たらない方がいいのです。

宇宙の力を味方につけるためには、魂からのメッセージを甘く見ず、見落とさず、きちんと向かい合って行動することが重要。自分の感情を陰で覆わないようにし、陽に包まれるように心がけるとよいでしょう。

魂からのメッセージをムシしたら副腎腫瘍で危うく死ぬ寸前でした

体のどこかが病気になりそうなとき、魂はメッセージを送ってきます。

わたしが副腎腫瘍になったときも、魂はさまざまな体調不良という症状を使って「このままだと病気で命を落とすよ」と、メッセージを送ってきていました。

最初のメッセージは体重減少でした。

ダイエットも運動もしてないのにすごい勢いで痩せたんです。でもわたしは「入らなかったスカートが入った！　わーい」と喜んでいました。25

歳から事業をしていたのですが、バブル崩壊で経営は右肩下がり……。

当時のわたしは、たまりにたまった借金を返すのに必死すぎて、まさか自分が健康を損なっているからだとは、考えもしなかった。忙しすぎたんです。

出かけた帰りに、いきなりガクッと膝から崩れ落ちたことがありました。脚にまったく力が入らなくて立ち上がれない。しばらくその場でじっとしていたら歩けるようになったので、寝不足なうえに疲れているからだと思っていました。

魂からのメッセージだったんですよね。

でも、借金を返さないといけないから、病気になるわけにはいかない。魂からのメッセージに耳を傾けないようにしていました。

ある日のことです。血糖値がものすごく上昇したのか、フラフラするんです。あわてて近くのクリニックへ行きました。血液検査の結果、２型の糖尿病と診断されました。ところが、しばらく薬を飲んでも血糖値は下がりません。血圧も上がってきました。

再度、検査をすると、今後は1型糖尿病と診断されました。「膵臓からインスリンが出なくなっています。急激に痩せたのもインスリンが出なくなったからです」

毎日1日3回、食前に、インスリンを打つように指導されました。精密検査もせずに診断できるものなのかな？と疑問に思いましたが、医師の言うことだし、おとなしく従いました。でもインスリンを打っても、血糖値は下がらなかったんです。

糖尿病と診断されたので、お酒を一切やめました。そしたら、血糖値がピタッて安定して。びっくりしましたよ。それですぐに医師と相談してインスリンの投与をやめました。

一瞬、症状が改善したように感じたのですが、そのあとからです。体重と筋肉が落ち始めて、変な痩せ方をしてしまいました。

魂がバンバンメッセージを送ってきているのです。

糖尿病でもないし、お酒が原因でもない。別のところに異常があるから、あの手この手を使って、魂が教えてくれようとしていたんですよね。このときもわたしは借金を返すことに夢中で、魂からのメッセージをムシしていました。

ほんとうにすごい痩せ方でした。筋肉が落ちて皮膚がどんどんたるんで。老化が早まったみたいな感じです。さすがに焦って、むかし購入した美顔器を引っぱり出して、肌のお手入れを始めました。「痩せたし、わたし、きれいになったかも」と喜んでました。知らなかったとはいえ、副腎腫瘍が原因で筋肉が落ちていたのを喜んでいるなんて……。

自分が副腎腫瘍かもしれないと気づいたのは、テレビ番組にレギュラー出演していたときです。その日は久しぶりの一家団欒のひとときを過ごしているときで、たまたま見ていたテレビに、わたしとそっくりな症状の病気が映っていたのです。家族の勧めもあり、すぐに、そのドクターに電話をしました。そして、次のテレビ出演で東京に行く日に合わせて診察の予約をしました。

診断の結果は副腎腫瘍でした。

「もしいま気づかなかったらどうなっていましたか?」と恐る恐る先生に尋ねました。

「頭痛はありますか?」

「いいえ、ないです」

「心臓はドキドキしませんか?」

「テレビに出ているから緊張でドキドキすることはあるけれど」

「緊張してないときにもドキドキすることはありませんか?」

そのとき、ふわっと魂からメッセージが届いたんです。あれ? いまテレビに出演してないのに心臓だけが脈打ってる……。慌てて先生に言いました。

「あ、あったかもしれません」

先生は言いました。

「もしもいま、あなたが副腎腫瘍に気づかなかったら、近いうちに心筋梗塞で亡くなってましたよ」

……心筋梗塞。そこまで弱っていたんです。

わたしの命が危険にさらされているから、魂はいろんなメッセージを送っていたのに、借金を返すことだけに前のめりになって、立ち止まることができなった。魂からのメッセージをないがしろにしていました。

わたしは霊視の能力が強いせいもあって、魂からのメッセージはどんなに小さくても聞き逃さない自信があります。でも、このときは違いました。借金返済が、何よりも優先順位が高かったんです。

生きていくためには借金を返すのが最優先で、仕事も最優先でした。自分の体のことは優先順位の後ろだったんです。命がなければ借金すら返せないのにね。

副腎腫瘍で入院したときには、「あ〜仕事をしなくていいんだ」とほっとしている自分がいました。手術で1週間前から入院しているし、体調も整えているし。手術が終わってもしばらく入院で。こんなにゆっくり休めるのは病気の恩恵だと思っていたんです。

お医者さんが驚くほど回復が早くて。自分の自己治癒力を信じていました。何か見えないものに守られてる感じはありましたよね。

わたしのテレビ出演は、わたしの命を救うために魂が導いてくれたのだと思います。

副腎腫瘍の診断をしてくれたのは、東京のドクターでした。あのときもし、東京のテレビに出演していなければ、そのドクターに連絡していなかったと断言できます。というのも、宮古島から東京って気軽に行ける距離ではないからです。そもそも、自分がまさか心筋梗塞で死ぬ寸前の状況だとは思ってもいないわけだから、「念のために診てもらう」ためだけに高いお金をかけて東京まで出かけないですよね。

魂ってね、宿る肉体を救うために導いてくれるんですよ。

純粋で汚れのない人は過去世のイメージを形にしていく運命にある

ごくごくたま〜になんですけど、霊視を始めた瞬間に、ババン！と過去世が見える人がいます。ふつうは、その人の魂を掘って掘って叩いて叩いて、何とかやっと小さく過去世が見える程度なのですが。

でも、Aさんは違いました。扉を開けて部屋に入って電気をつけようとしたら、いきなり大スクリーンに映画が映し出されたみたいな感じ。突然、過去世が見えたんです。

道がガタガタしてジクジクしている。眩しいくらいに晴れてるのに、風がふわ～っと吹いて雲がモコモコっと湧いてきて太陽を覆って、あっという間に暗くなって。

ピカッ！　ゴロゴロゴロッダーーーン。

一瞬、無音になったと思ったらザーーーーーッ。雨が勢いよく落ちてきてあたりは真っ白。

ず～っとムシムシの夏なイメージ。東南アジアのどこかだと思います。場所まではわからなかった。蝶々がすごくたくさん飛んでいました。

アトリエがあって、画家をしていた人生。蝶をモチーフに絵を描いて。自然界にある花の色で画家のイメージが形づくれるような感じだった。

絵しか描かない。絵がすべて。結局パートナーもいず、最期は「あれ？わたしって孤独？」と言いながら死にました。

これが、Aさんの過去世です。

「いまはどんなお仕事をされてますか？」とわたしはAさんに聞きました。

「デザイナーです」

「デザインだけですか？　絵は描かないんですか？」

「むかしは描いてました。でも食べていけないからデザイナーに転向したんです」

「あなたは日本じゃない。生まれてくるところを間違えましたね」とお伝えしました。「できるならいまの仕事を続けながら、海外で絵を描くといいと思いますよ」

「3年後に海外に行く予定です」とAさんが話した瞬間、今度はロンドンの街並みがババン！と見えたんです。どこかの過去世で、ロンドンで生きていたみたい。

聞いたら、ロンドンを旅行したときに、すごく懐かしいと感じて、ここに住みたい、帰りたくないって思ったそうなんです。

Aさんはね、過去世のイメージを形にしていく人。こういう人はなかなかいない。純粋で汚れがないんです。汚れがなさすぎるから、ババン！って過去世がわたしに入ってきたんです。Aさんの過去世が、現世のAさんの人生に大きな影響を与えてるんだろうなって思います。

「過去世は古代エジプト人」が集まった不思議な飲み会

以前の飲み会で、参加者全員が、エジプトにゆかりのある過去世の持ち主だったことがありました。おもしろいですよね。こういう偶然もあるんだな〜ってお酒を飲みながら、心の中でニンマリしていました。

Aさんは神官を拝んでいる一般人。

Bさんはピラミッドを作る公務員。お金もお酒も食べ物もたくさん支給されて裕福だった。

Cさんはクレオパトラのお付きの人。書記官。

Cさんは他にも、卑弥呼を構成するひとりだったり、マヤ文明の終わりのころの書記官だったり、古いイギリス王室の政策を決定するメンバーだったり。さまざまな過去世を持っています。

Cさんが特別なわけではなく、魂は星のかけらだから、いろんな記憶を持っているんです。Cさんの過去世で共通するのは、歴史のすごく古い時代のあちこちの場所の記憶を持っていて、その場所その時代の出来事を記憶として残したいと思ってるということ。つまり、Cさんの魂は書くことを欲している。だから現世でもCさんは、書くことを仕事にしたらいいんじゃないかな、と思います。

過去世からのメッセージ

人の心は万年筆と似ている。定期的にキレイにしてあげないと
汚れはこびりついて扱いづらくなっていく。
心の中に溜めているものを出さずに放置していたら
中途半端に人を傷つけたり、自分の心を押し潰したり。
自分を幸せにできるのは自分だけ。
自分の幸せを追求している人は輝いていて、優しく、美しい。

これから先の未来はどうなるかなんて誰にもわからない。
危機感を持って備えることも必要だけど
いちばん大切なのは、いまをどう生きるかです。

朝、白んでいた空は青みを増していき
夕方にはオレンジ色に染まり
夜は群青色に塗りつぶされる。
可能性はこの空と同じくらい無限に広がっている。
何にだってなれるよね。
何だってできるよね。

第二章
マイナスのクセと人間関係

未来を変えるために
マイナスのクセを手放す

完璧な人間なんていないのだから、みんなそれぞれにマイナスのクセがあるのは当たり前。だからこそ、自分のマイナスのクセを手放せるかどうかで、未来も大きく変わります。

まずは自分のマイナスのクセを知ることから始めましょう。

マイナスのクセは、過去に傷ついて解決できないままになっていることに起因しています。

傷を負えば痛みを感じ、痛みの記憶はトラウマとなり、やがてマイナスのクセになります。

マイナスのクセを克服するためには努力が必要です。努力には苦しさが伴うこともあるでしょう。

でも、宇宙は陰と陽のバランスでできていますから、辛い思いをしたら、その分、幸せになれるんです。

自分の魂や心と向き合ってください。マイナスのクセを癒してあげてください。記憶をどんどん掘り起こして、過去をさかのぼってください。

キツくて辛い孤独な作業かもしれませんが、がんばって！


わたしは物心ついたころからずっと、焦燥感と喪失感に悩まされてきました。

何が起因しているのか探そうと魂に話しかけるたびに、3歳という年齢が出てきます。3歳のことなんて思い出せるわけもなく、いつも頓挫。

何度か繰り返したある日、3歳のときに祖父が亡くなったことに気づきました。気づいたら、パアッといろんなことを思い出せたんです。

祖父はわたしを非常に可愛がってくれていました。

可愛がってくれていた存在が突然いなくなって、3歳のわたしは死というものを受け止められず、マイナスな感情に囚われました。魂も傷つきました。

あのときもし「おじいちゃんはお星さまになったのよ」と教えられていれば、「そっかぁ、いなくなったのは、お空に帰ったからなんだ」と祖父の死をプラスに捉えられたでしょう。魂が傷つくこともなかったのです。

でも、たぶん、うやむやにされたのです。

というのも、祖父が亡くなった直後に妹が生まれたから。

母は妹にかかりっきりで、わたしに構っている余裕なんてなかったのだと、おとなになったいまはわかります。だけど、3歳のわたしは苦しかった。大好きなおじいちゃんが突然消えて、お母さんは妹ばかり見ていて。

だから、失うのがほんとうに怖い。

完全にわたしのマイナスのクセになりました。


友だちをつくるのも苦手です。

宮古島という小さな島で暮らしてきたのに、小中高の同級生で、いまでもつきあいのある友だちはいないんです。深いつきあいができないんですよね。

あ、ひとりだけいました。おとなになってから再会した小学校の同級生です。彼女だけかな、いまでも仲よくしているのは。マイナスのクセを手放すために、あえてわたしからから連絡をとるようにしています。

自分のマイナスのクセを知らなかったころは、断られるのが嫌だから誘えないんです。断られたときに「やっぱり」という焦燥感が出てくるのが嫌だから、誘わないようにしていました。

でもいまは、幸せになるために努力しています。


貯蓄がないと焦燥感に駆られるのもそう。

お金って、車の買い替えや子どもの進学などで、急に大きく出ていくときがありますよね。そのたびにわたしは喪失感と焦燥感でいっぱい。仕事が減っても喪失感と焦燥感でいっぱいになるんですよ。ずーっと働き続けて貯蓄がどんどん増えていかないと怖いんです。貯蓄が増えても、失う恐怖は減りません。

事業をしていたころ、わたしは実家を援助していました。

この商売がダメになったら、子どもも親も共倒れだと思っていました。

毎日、焦燥感と喪失感に襲われていましたね。

結局、ダメになって借金をたくさん抱えるわけですが、「ほらね、やっぱりね」って思ったんです。わたしのマイナスのイメージが、現実に投影されたのです。

マイナスのクセが、その現実を引き寄せたと言っても過言ではないでしょう。宇宙のマイナスの星のかけらを引き寄せてしまったのです。

このように、マイナスなクセが強すぎると、魂からのメッセージを受け取りにくくなっていることがあります。魂の自由な働きをマイナスのクセが阻害してしまうのです。

マイナスのクセが強くなりすぎると魂が傷つき、星のかけらが一粒一粒消えていく

クセだけではありません。マイナスな気持ちや感情も、魂の自由な働きを阻害し、魂を傷つけます。

わたしがこんなに不幸なのは、なんとかのせいだ。

わたしがこんなに不幸なのは、なんとかが悪いからだ。

生まれた家が悪い。結婚相手が悪い。職場が悪い。学校が悪い、などなど。本当は誰も悪くないのに、原因は自分なのに、人のせいにして人を憎んだり恨んだり。

そのようなマイナスな感情や気持ちが、魂を傷つけるのです。魂ってね、傷つきやすいんですよ。魂自体は痛みを感じないけれど、すぐに傷がつくんです。

前にもお話ししたように、魂が小さなスワロフスキーの塊だと考えるとイメージしやすいかもしれません。マイナスのクセや感情が魂にダメージを与え、スワロフスキーが一粒一粒、ポロポロ剥がれ落ちていく感じ。

きれいな球体だった魂が、マイナスのクセの影響で、いびつな形になったり、黒く穴が開いたりして、スムーズに転がれなくなり、自由な動きを妨げられてしまう。だから、歪んだ現状しか引き寄せられなくなる。

悪循環ですよね。

マイナスのクセはできるだけ持たない方がいい。そのためには自分の考え方のクセを変える必要があります。魂の修復はいつからでも間に合います。「わたしが大事。魂が大事」と自分に話しかけて、行動しましょう。

集中しすぎたり、マイナスの感情が続くと呼吸が浅くなり脈も速くなる

幸せホルモンに包まれると、脈が穏やかになり、呼吸が深く安定します。おいしいものを食べて「幸せ〜」ってなると、深く息を吐き出しますよね。意識せず深呼吸しているんです。

欲張りすぎたり、マイナスの感情に囚われると、ストレスホルモンが出ます。血圧が上がって脈が速くなり、筋肉がギュッと収縮して、呼吸も浅くなります。

「嫌だ嫌だ」って思うことが続いたら、呼吸が浅くなって脈も大きくなる

ことが多いです。

心の中で吸って吐いてと唱えて、呼吸を整えてください。

仕事に集中しすぎて「あ、息してなかったかも」と感じるときがありますよね。呼吸が浅くなっているんです。マイナスの感情は持っていなくても、ストレスは感じているのです。だから仕事中も、1時間に1回ぐらいは意識して深呼吸をしましょう。

学校では1時間ごとに休み時間がありますよね。人間の生理に合っていると思います。人の集中力ってそもそもは、長く持つようにできてないのでしょうね。

マイナスの感情とマイナスの感情が関わるとプラスとなり、宇宙の力を味方にできる

わたしの友人に、夫のモラハラと暴力に苦しんでいた女性がいました。

その日も、夫に殴られ、目の周りが真っ黒になりました。見かねた息子に「逃げてほしい」と言われました。

それまでにも何度も逃げるチャンスはあったそうです。でもできなかった。なぜかといったら同居する親の介護があったから。「父を残して逃げられない」と、自分で逃げないための言い訳をしていたんです。

あの日は息子に「逃げて」「おじいちゃんのことは大丈夫だから」と背

中を押されて、なんとか家を出たわけですが、隣町の姉の家に逃げながらも、彼女はまだ迷っていました。

でもね、逃げたら今度は、自分の家に戻れないくらい怖くなったんです。逃げてみて初めて、夫の暴力的なところが震えが止まらなくなるくらい怖くなったのです。逃げられてよかった、心の底からほっとしたそう。

彼女はわたしに言いました。「ずっと、夫が怖いという感情に蓋をして気づかないフリをしていたのよね」

「親の介護がある」という偽ポジティブな感情に偏りすぎていたのでしょう。いま辛いなら、がんばるのをやめて逃れてもいいのです。心から笑えるようになれればそれでいい。自分の人生なのだから。

「逃げる」は単体だとマイナスですが、「恐怖から逃げる」となると、マイナス×マイナスでプラスに変わります。マイナスとマイナスの状況からプラスを見つけられると、前に進めるのですね。

悩みたかったら悩んでもいい
いつまでも悩むのは執着だから手放そう

悩みたかったら悩んでいいと思います。

でも、答えが出ないのに、いつまでも延々と悩み続けると、それは悩みではなく執着になります。できるだけ早く手放しましょう。

悩みすぎて、妄想が暴走することがありますよね。

ドラマの脚本のような壮大なストーリーを作り出して、自分を悲劇のヒロインに仕立ててあげて。妄想の底なし沼にどっぷり使ってる状態。

悩むことにさっさと飽きて、切り替えてほしいです。切り替えて手放してほしいです。

どちらかというと、わたしは悩むのが苦手です。「めんどうくさい。まぁいっか」「いいや、別に」ってなります。悩んでもせいぜい3時間が限界かなあ。悩む自分に飽きちゃうんですよね。

悲しいことや大変なことでいっぱいいっぱいのときには「1年後はネタにして、みんなにしゃべって笑おう」と思いながら乗り越えます。

病気も、借金も、みんなネタになりました。

終わったことだから、笑っていればいい。

悲しい気持ちや大変だった気持ちに、1年も2年も何十年もしがみついたって意味がないと思うから。

過去を嘆くのではなく、未来に向かって行動したいですよね。

手放すのがヘタだと
マイナスの感情を何年も抱えることになる

育てられ方次第では、過去の辛い出来事をネタにできない人もいます。笑い飛ばせない親に育てられると、手放すのがヘタに育ってしまうのでしょう。

友人A子のお姑さんが手放せない人でした。

結婚したばかりのA子に、自分が嫁いだときの嫌だった話をしたそう。

「わたしは末っ子次男と結婚したのに、舅姑と一緒に住むことになった。まだ結婚してないお義姉さんにいじわるされた。お父さん（夫）のこと、恨むわ」って。30年以上前の話です。

A子は「恨むという言葉を真顔で言うんだもの、怖くなった」と言っていました。手放せないから、30年過ぎても「恨むわ」と平気で口に出せるのでしょう。ネタにできないのですね。

その人の子どもである、A子の夫も気持ちを手放すのが苦手で、笑い飛ばせないタイプです。育つうちに刷り込まれてきたマイナスのクセなんですよね。親のマイナスのクセがDNAのように遺伝しているのです。お母さんもそのお母さんの影響で手放せないのです。どこかで誰かが気づいて、ピッて切り替えないと、ずっと続きます。

手放せないクセを代々受け継いでいる人って、けっこうたくさんいます。たとえ育てられ方で手放せないクセを受け継いでしまっても、自分で気づいて手放すことはできます。

暗い過去は手放して笑い飛ばしましょうよ。人生も楽しくなりますよ。

ポジティブとネガティブは表裏一体
どちらか一方に偏るのはよろしくない

61ページの「魂からのメッセージを受け取ったときに、『大丈夫大丈夫、気のせい』と流す人もいます。一見プラスな感情に見えますが、これは偽ポジティブ。注意しましょう。『背中が重たい』は魂からのメッセージなのです。大丈夫ではないし、気のせいでもありません。この人は、魂からのメッセージに耳を塞ぎ、自分の現実から目を背けているにすぎないのです」について、もう少し詳しくお話ししたいと思います。

末期がんと診断された女性の話です。何年も体のあちこちが痛かったそうですが「忙しくて疲れが溜まっているだけだと思っていた。わたしってすごくポジティブだから前向きな言葉しか使いたくなくて、つい大丈夫って思っちゃうのよ」って。

ポジティブとネガティブって表裏一体ですから、どちらかに偏りすぎるのはよくないのです。いい面だけを見ていると、物事の本質を見失ってしまいます。彼女の場合は、ポジティブな考え方だと思っていたことがマイナスのクセでした。というのも、ポジティブとマイナスは表裏一体だから。マイナスだけに偏るのがよくないのと同じように、ポジティブだけに偏るのもよくないのです。

ポジティブな言葉しか言いたくない感情は偽ポジティブ。内側が辛すぎるため現実を受け止める勇気がなくて、魂からのメッセージに蓋をしてしまうのです。偽ポジティブな感情は気づきにくいので注意しましょう。

魂からのメッセージをムシしたら、わたしの内部で魂と感情が戦って軽い過食症になりました

元カレに謝りたいことがあって、高校卒業以来初めて会ってきたことがありました。元カレは、ギャンブル依存症になっていました。

会いにいく前に、ドロドロした嫌～なものを感じていました。だから再開したときはビンゴ！って感じ。「当たっちゃったよ、わたし」みたいな。

高校のときの優等生だったイメージがきれいすぎたんです。元カレのいまは、魂からのメッセージを通じて気づいてはいたけれど、認めたくなかった。だから葛藤がすごかった。魂のメッセージに従わず、ムシするのだ

もの、当然です。

「あの人と結婚してればわたしの人生違ってた」と思っているわけです。でも自分だから。誰と結婚しても苦労はあったと思います。そういう意味では会ってよかった。会わなかったら「この道があったんじゃないか」と過去に囚われて前に進めなかったと思います。うふふ、アホでしょう。

いまでは完全な笑い話ですが、あのときは相当大変でした。

わたしは、自分が求めている答えが欲しいあまり、自分の魂を信用していなかったんですよね。自分で自分を霊視して「いや、当たってない」って言ってるようなものなんです。自分の霊視したものを信じて「こういう人だから」って腹を括って会いにいけばまだマシでした。霊視で見えたことを打ち消すために、たくさん言い訳をするから、魂がドロドロドロドロしちゃって。自分が自分を振り回しました。すごく疲れました。その後、ストレスで軽い過食症になりました。もうこりごりです。

マイナス思考の連鎖が長くなると魂が攻撃され、心体が壊れる

マイナス思考に囚われすぎると、魂が攻撃され、やがてバラバラな星のかけらとなって壊れます。

事業が失敗して借金まみれになったことがあります。毎月10日、15日、20日と支払いが待っているわけです。

「どうしようどうしよう。返せない返せない」と悩んでもお金を返せる術がありません。できることといえば謝るくらい。逃げたくなるのですが、

逃げるのを「どうしようどうしよう、逃げたら殺されるかもしれない」と迷っていたら、催促の電話がかかってきます。すごいストレスです。

毎日のように「死んだ方がマシ」と思っていました。

わたしは娘を妊娠したときに重度の妊娠中毒症で死にかけました。そのときの臨死体験で、あの世がとてもラクな世界だということも知っていました。生きている方がよっぽど苦行だと思っていたのです。でも、簡単に死ねません。

もうどうにもならないところまで精神的に追い詰められたときに、トンと着地した感じがしました。海の深いところ、それこそ日本海溝の底に着地した感じ。

海の底の暗闇の中で、「生きるしかないじゃん」「逃げるのをやめよう」と決めました。苦しいのは子どもも同じ。子どものためにも返せない状況に悩むよりも、どうしたら返せるか相談してみようと思ったのです。

よくわからないまま、弁護士のところへ相談に行ったら、カードの過払い処理をしてくれました。100万円戻ってきました。でも1枚だけ。他のカードは債務処理をしてもらいました。

金融公庫の窓口に行って「返せません、ごめんなさい」と正直に言うと「今日はいくら返済できるんですか?」と聞かれました。1回に10数万円の返済でしたけど、5000円とか1万円とか払える分だけを受け取ってくれました。少しずつの金額を3日おきに払いに行きました。利息にもならなかったと思います。

ある日、公庫の担当者さんから電話がかかってきました。覚悟しました。「そろそろ我慢の限界です、きちんと返済してください」と最後通告を出されるかと思ったんです。

でも違いました。

「上地さん、1か月分貯まりました! 貯まりましたよ。1か月分払えますよ」

涙がボロボロ出てきて。

1か月分払うのに何日かかったかな。

わたしは、人の愛や思いやり、親切さ優しさに触れることができて、なんとか踏ん張ることができました。


借金が多すぎて返せなくなると、借金のことばっかり考えますよね。「どうしよう。ああなるかもしれない。こうなるかもしれない」って借金から逃れることばかりに意識が集中してしまう。

これって「借金がある」に基づくマイナス思考の連鎖なんです。マイナス思考の連鎖がつながりすぎると、魂が攻撃され、体を壊します。

実際、その後のわたしは副腎腫瘍を患って死にかけましたから。

身近な人に自殺されても自責の念に囚われないで

自殺した人の魂を霊視すると「かわいそう」「なんで死んだの？」というような気持ちを持たないでほしい、というメッセージが見えます。

自殺で亡くなった人の多くは、肉体の辛さから解放され、生きる執着から解放されていることがほとんど。「こんな苦しくて痛いのに生きることに執着して生き続けるよりも、肉体から解放されたいまはとっても楽」というメッセージです。

自殺した人の魂が直接、残された人に話しかけるわけではないから、残された人はどうしたって自責の念に苦しめられ、いなくなった寂しさや悲しさに苛まれます。

魂からのメッセージを聞く限り、責任を感じる必要もないし、悲しまなくてもいいのですが……。

自殺した人は、語弊があるけど、死ねて幸せなんです。

その人にとって生きていくことは修行のようなものでした。

死ぬことでやっと痛みから解放され、苦しさから解放されたのです。

辛い痛い苦しいという念を肉体に残して、肉体を手放すことによって、元の姿、星のかけらに戻れました。

だから、家族が自殺した場合や仲よしが自殺した場合は、難しいとは思いますが「ラクになれてよかったね」と空にいる星のかけらに話しかけてください。

マイナスな感情で話しかけると、そこに念が溜まってしまいますからポジティブに、死を否定しないプラスの言葉で。

「わかってあげられなくてごめんね」くらいは話してもいいです。

間違っても「もっと早くに気づいてあげられたら自殺を止められたのに！」と自分を責めないこと。星のかけらになった魂からは「ラクになった」メッセージしか見えないんですから。


以前、夫が自殺したという人に「亡くなった主人からのメッセージが欲しい」と霊視を依頼されました。

もともと夫婦関係があんまりよろしくなく、お互いに感情的になることも多かったそう。

そんなある日、夫が自殺しました。奥さんは「もっと優しくすればよかった」とすごく後悔していました。

それがね、会いにいってたんですよ。

魂が肉体から抜けた瞬間に、奥さんに会いにいっていたんです。

「気配を感じたんじゃないですか？」とわたしは聞きました。

「あ、帰ってきた、と思ってドアを開けたんです。でも誰もいなかったんですよね」と奥さん。

何時ごろの出来事だったか、さらに詳しく聞くと、夫の魂が肉体から離れた直後。死の瞬間に、妻に会いにきていたのです。

夫からのメッセージは、お礼と感謝でした。

「弱くてごめんね。自分が弱かったから生きていけなかった。これ以上、この世で修行を積むのはムリだったけど、あなたのせいじゃないから。夫婦関係もよくなかったし、生きていたときはなんとなくあなたに対して恨み辛みみたいな感情はあった。でもそれは全部、自分の弱さだったんだっていうのを肉体を手放した瞬間にわかったよ。だからごめんね。家族のみんなには、自分のことで悲しまず苦しまず前に進んでほしい。自分は先に行っています」

自殺した人の魂ってね、いちばん最初に配偶者やパートナーに会いにいくんですよね。不思議だなぁと思って。

残された人も、会いにきたことを感じているんですよね。ほんの一瞬なんだけど、指摘すると「あのときだ！」とみなさん、思い出しますよ。

念とは怖いと思う人の気持ちが魂からポロンと落ちた黒い影

死ぬと魂は星のかけらに戻るけれど、念はその場に残ります。

たとえば交通事故が何度も何度も起きるところには、影絵のように恐怖という念が溜まっていることがほとんど。念の浄化さえできれば、その場所で交通事故は起こらなくなります。

なぜ念が溜まるのかというと、交通事故のあったところにお花やぬいぐるみ、飲み物などを置くからなんです。でも、そこにいるのは魂ではなく念。事故にあった瞬間に抱いた「うわっ、怖いっ」「痛い」「死にたくない」

といった強烈なマイナスの感情が、魂からポロッとこぼれ落ちたのが念です。マイナスの感情をまとったいや～な塊。

ただでさえ念はマイナスな感情に支配されているのに、生きている人間が「かわいそうに」「痛かったよね」とマイナスな感情で話しかけながら献花すると、念はそのマイナスな感情を吸い取って消えるどころか、どんどん大きくなり、塊になっていくのです。そうなるとどうしようもありません。念が交通事故を呼び寄せるようになります。早く浄化して念を取り除きましょう。

わたしたちは事故現場に献花して冥福を祈るのではなく、空を見上げて「もう痛くないよね」「もう怖くないよね」「安らかに眠ってね」と、プラスの言葉を使って、星のかけらとなった魂に向かって話しかけるといいでしょう。

日頃の習慣が念を溜めてしまうこともある
そして、溜まった念が死神を呼ぶこともある

副腎腫瘍で入院したときの出来事です。

手術が終わって、ＩＣＵから移された病室で、死神に遭遇しました。

その部屋はナースセンターの目の前。手術前にいた部屋とは別の部屋でした。隣のベッドは空いていました。

わたしには、まだいろんな管がつながっていました。

ベッドごとその部屋に入った瞬間に「ここの部屋に入った人は死ぬ。ここは死神がいる部屋だ」という魂からのメッセージを強く感じたんです。

もう怖くて怖くて大パニック。

「ギャーーーッ」て騒いで、慌てて、荷物の中から浄化用のお塩の入ったお酒を取り出そうとするんだけれど、管につながっているから身動きできません。

その場にいた息子に頼もうと、息子の方を見たら、死神の顔が目に入って。恐怖のあまり吐きそうになりながらも、「浄化のお酒、浄化のお酒」と呟いていたみたいで、誰かが渡してくれました。慌てながらベッドの周りに泡盛に塩を溶かした浄化酒をシュッシュッて撒いたんです。

実はわたし、魂からのメッセージで、病院には何か恐ろしい念が溜まっていることを知っていたので、浄化するための水晶と塩と浄化酒などを持って入院しました。とくに、泡盛に塩を溶かした浄化酒は効果が高いです。度数の高い泡盛30㎖に対して、雪塩をひとつまみ混ぜて作りました。

死神はベッドの角に立っていました。

長い槍斧でわたしを殺そうとするのです。でもシュッシュしたから近づいてこれない。浄化酒で結界を作れたんです。ただ、結界の高さはベッドの高さと同じ。それ以上には結界が張れていないため、死神は上半身を乗り出して、わたしに覆いかぶさって長い槍斧を振り回しながら襲ってきます。わたしも必死。命がけで戦います。手足を振り回して「上から乗り越えるな！」と叫んだり。

きっと高いところから、シュッシュした方がよかったのでしょうね。カーテンのように結界を張れれば、命がけで死神と戦う必要もなかったと思います。

息子はその様子を見ていました。

自分の目の前で管につながれている母親が、死神と戦っているとは知らないから、わたしの意識が錯乱していると思ったみたい。母親が目を開けた状態で「うわ〜っ、わ〜っ！」ってバタバタ暴れるので、「どうした、どうした」って落ち着かせようとするんです。

そうするとわたしは、息子の顔が死神に見えて、恐怖のあまりウェ〜って吐きそうになる。その繰り返しでした。

丸々24時間が経過して、死神に連れ去られなかったわたしは、体から管も取れ、無事に元の病棟に戻ることができました。

あの部屋はナースセンターの向かいで、症状の重たい患者さんを見守るための部屋でした。あそこで死んでいった何人もの念が、死神を呼び寄せたのです。きっと、死神などが来やすい部屋、通り道みたいになっているんじゃないかなあ。たまにありますよね、「あそこに入ったら死ぬよね」っていう病室。

それにしても怖かった〜。いま思い出しても指が震えます。死神を見たのは、その1回切りです。

死ぬ前にあの世とこの世を行ったり来たり
父の魂が肉体から離れたがっていたときのこと

わたしの父が亡くなったとき、つまり魂が肉体から抜けた瞬間に、眉間からパーンって火花が散ったように見えました。

わたしは衝動的におでこにチュッてしました。「この世でお疲れさま！次の世を楽しんでね」の気持ちだったんですけど、父に触れたからでしょうね、パーンって弾けたものの行方が見えました。

星のかけらになったばかりの父の魂は、父の兄弟や、わたしのいとこなど、親戚たちのところへ飛んでいきました。

彼らは父が逝く直前に、父の魂が自分のところへ訪れたのをわかっていました。

たとえば、誰もいないのに防犯ベルが鳴って。誤作動だと思ってスイッチを切って入れたらまた鳴って。それで「あ〜、おじさんが逝ったんだな」と気づいたとか。あるいは、「音がしたから振り向いたら、部屋の入り口に兄貴が立っていた」とか。

父はものすごいメッセンジャーだったんだな、と思います。

父の意識が徐々に薄れるようになってきたころかな〜、まだ命はあるんだけど、起きているんだか寝ているんだかわからなくなってきてたころ、父の魂は、あの世とこの世を行ったり来たりしていました。

なぜわかったのかというと、横たわる父の頭から、ふわんと吹き出しが出ていて、その中にあの世の様子が写っていたからです。

ほら、アニメやマンガで過去を思い出すシーンや空想を思い浮かべるシーンを描くときに、吹き出しみたいな線で過去を囲んで表現しますよね。あんな感じです。

広大な森の中に、ぽっかり空いた広場のような場所がありました。たくさんのご先祖さんが集まって車座で宴会をしています。父の魂もそこへ行ってはみんなと宴会を楽しんでいます。宴会が終わったら肉体に戻ります。

次の日も次の日も、父の魂は肉体から出て、あの世のご先祖さんのところへ出かけては、肉体に戻ってきました。

わたしはその様子を「なんだかね〜、こっちは心配しているというのに、呑気なものだね」とちょっと呆れながら眺めていました。

何日か過ぎたころ。妹が「お父さんからお酒の匂いがしない？」と言うので「あの世に飲みにいってるからね」と教えました。現実の父は寝たきりで意識朦朧。お酒なんて飲めるはずもないのに、なぜだかアルコールの匂いがするんです。

目の前の父は苦しそうでした。一方で、ご先祖さんとの宴会は楽しんでいました。きっと魂が肉体が離れたがっていた状況なんでしょうね。おそらく父は娘4人が揃ったところで、逝きたかったんだと思います。

父の容態が悪くなったころからずっと、わたしの耳には民謡のようなメロディが聞こえていました。父がご先祖さまと宴会を楽しんでいる最中にも、遠くの方に同じ民謡らしき音楽が流れています。それが突然「蛍の光」に変わったんです。プッてチャンネルを切り替えたように。思わず、ええっ、閉店？　命のおしまい？　人生の閉店かいって思いました。ちょっと笑えました。

忘れられないのは、父が、あの世に旅立つときに見た景色です。

白い道がずーっとまっすぐ続いていました。その白色は初めて見る白。ペンキでもなければ砂利でもなし、珊瑚の粉でもない。この世のものとは思えない白い道なんです。

道の両サイドにはご先祖さんが並んで父を出迎えています。

ご先祖さんの中に着物みたいだけど着物とは違う、細かな刺繍の入った民族衣装を着ている人がいました。調べたらアイヌの衣装に似ていました。四十九日も終わってぼーっとテレビを見てたら、北海道の、どこかの白い道が映っていました。これよ！　これ。ああ、だからアイヌなんだ、なるほど。わたしはひとり合点しました。

父は宮古島の隣の伊良部島出身です。

伊良部島には、アイヌをはじめとするオホーツク海沿岸の北方民族が大勢、黒潮に乗って漂流してきたという話も伝わっています。父の祖先も、そうして流れ着いた北方民族のひとりだったのかもしれないですね。

魂って、こうやって教えてくれるんだと思いました。偶然ではなくて必然。父が亡くなるまでは北海道に興味はなかったのに、いまでは北海道の人とも仕事でつながりました。父のおかげで、再び北海道に縁ができたのです。

魂が抜ける瞬間は苦しくないのですか？とよく聞かれます。

苦しさはまったくなく、そのまま出ていく感じです。星のかけらになって、自分のものだった臓器が止まるのを眺めています。

おそらく生まれた瞬間と死ぬ瞬間は似ているのではないかと思うんです。生まれるときも、前の世からこの世に移動してきたのだろうし。前の世に残されたものは悲しむけれど、この世に来た本人は何もない。オギャーと新しい命を全力で生きていますよね。死ぬときも同じで、向こうの世界に行くだけ。次の世界を全力で生きているのです。

断られて人間関係を悪化させる人
断れなくて人間関係を悪化させる人

鑑定に来るお客さんに多いのが「人間関係が嫌だから仕事を辞めたい」という悩み。そのたびにわたしは「あなたが変わらない限り、どこに行っても同じですよ」とお話しししています。

トラブルって、どういうわけだか、同じ人のところに引き寄せられていきますよね。どうしてこの人は、毎回トラブルを引き寄せるんだろうって思うのですが、見ていると、本人に原因があることがほとんど。

あえて言わなくてもいいことを言ったり、あえて手を出さなくてもいいいところに手を出したりとか。自分で自分に火の粉を振りかけている感じなのです。

自分に関係ないことなら、見守ればいい。だけど、見守るって勇気がないと難しい。だからつい、よけいなお世話をしたり、おせっかいかけたり。けれど相手にすれば、ありがた迷惑です。そのうち「もういい」「いい加減にして！」と嫌がられるかもしれません。でも、あなたは「なんで怒るの？　してあげたでしょ？」と戸惑う。

こんなときは、もしかして自分に原因があるのかな、と考えた方がいいです。

わたしは「頼まれましたか？」と聞きます。「頼まれたからあなたはやったんですか？」

「いや、その方が早いかなと思って」

「それはあなたの考えですよね？　手伝った方が早いですか？　手伝いま

しょうか？と先に聞く方がトラブルはないですよ」とお話ししています。

一方で、断れなくて相手を怒らせてしまう、と相談に来る人もいます。

「やってあげるよ！　わーわーわー」って、満面の笑みで来られたら、断れないのだそうです。「好意を無にするイヤなやつだみたいだから」と言うのです。

でも、最終的には断るんです。だから、相手を怒らせてしまう。自分の正直な感情をムシするからです。

正直な感情は「イヤだ、いいです。結構です」なのに、「ありがとう」と受け入れてしまう。

「本当はノーって言いたいんですよね？　なんでイエスって言うのですか？」と聞いてみました。

「なんか揉めそうだから」

イエスと言うから揉めているのですけどね。

それにイエスと言うなら、最後までイエスを貫き通せばよいのです。ところが我慢できなくなってノーと言ってしまう。自分が原因なんです。相手からすると、イエスが当たり前になっているんです。この人も自分が見えてないですよね。

どちらの場合も感情にグレーゾーンがありすぎる日本人特有の悩みなのかな、と思います。

人間関係に悩む人の多くはマイナスの出来事に対してマイナスのフィルターをかけていることが多い

宮古島は、どういうわけだか高校をやめる子が多い。娘が高校2年の後半から3年に上がる時に、同じグループの友だちが次々と学校をやめていきました。

仲がよかったグループの子が全員いなくなったから、娘は別のグループに入ろうとするんだけど、なかなか入りにくい。わたし自身の中学高校時代を振り返っても、女の子って派閥をつくりやすくて、内輪に固まる傾向が強い。娘の様子を見守りながら、高校3年から入れるグループを探すのは簡単ではないだろうな、と思っていました。

夏休みが終わってしばらくたった、ある日。

突然、娘が「『わたし、みんなに嫌われてる気がする」と言い出しました。

「友だちになりたいのに誰もグループに入れてくれない」

わたしは「これやばい、この子も学校をやめる」と思って、本気で娘と向かい合って、洗いざらい話を聞きました。

「わたしが雑巾を洗いにいったら、流しにいた子がサッていなくなった。避けられているに違いない」

よくよく掘り下げて聞いたら、タイミング的にいなくなっただけでした。

「一緒に調理室に行こうよ、と声をかけたのに、無視してさっさと行ってしまった」

「あなたの声が小さくて聞こえなかったんじゃないの？」

「あ、緊張してたからモゴモゴしちゃってた。わたしの声が小さかったたかもしれない」

「トイレに誘ったら、いまは行きたくないと断われた。しばらくしたら別の子とトイレに来た」

「単にさっきはトイレに行きたくなくて、いまはトイレに行きたくなっただけじゃないの？　あなただってそういうことあるでしょう？」

「あ、そうだ」


被害妄想の極み。

娘のマイナスのクセなんですが、自分から新しい友だちをつくれない。話しかけられるまで待っている。新しいグループに自分から「入れて」と言えない。

受け身なんですよね。

だから、わたしが何か提案をするたびに「行けない」「誰も呼んでくれない」「しょうがないじゃん」の繰り返し。

とはいえ、まったく誰とも会話をしないかというとそうでもない。気をきかせて、休み時間に声をかけてくれる子もいるみたいなのです。

娘に言いました。

「あのさ、授業中は友だちと喋らないでしょ？　休み時間は、A子ちゃんが誘ってくれたときは仲間に入れてもらって、誘われなければ、寝とけばいいんじゃない？」

「それをやってみようと思うけど、うーって悲しくなる」

「っていうか、高校のクラスメイトとあなたは一生つきあっていくの？」

「うーん、卒業したら宮古島を出るつもりだし」

「だったらいいじゃん。いまだけじゃん。あと1年もないよ。冬休みとか就職休みとかいろいろあるから、卒業までにあとどんだけ学校に行くと思う？　一生、クラスメイトだけとつきあうわけじゃないなら、いまからひとりでもよくない？」

「そっか」

これでピッと切り替えてがんばって卒業できたのですが……。

娘はクラスメイトに、とくに何か言われたわけでもないし、何かされたわけでもないのです。仲のよかったグループの子がいなくなって、ただでさえマイナスだった気持ちが、クラスメイトのちょっとした行動をマイナスに受け取って、それが被害妄想に変化して、いじめられていると感じたみたいです。


人間の気持ちって怖いな、と思いました。

マイナスな感情のせいで、単なる事象にマイナスのフィルターをかけてしまう。娘に限らず、人間関係に悩む人の大半に見受けられる傾向です。「避けられている」「嫌われている」「嫌がらせをされている」と悩む人は、ほんとうにそうなのか。自分自身のマイナスな感情が生み出した被害妄想ではないのか。いま一度、客観的に振り返ってみてください。

娘は専門学校で、同じ夢を持つ一生の友だちができました。

おもしろいことに、おとなになったいま、中学が一緒で高校も一緒だった子たちとも遊ぶようになりました。まぁそんなものですよね。学校ってびっくりするくらい狭い世界だから、それがすべてだと勘違いしちゃうのもムリはないと思います。

妄想が相手を責め自分を苦しめる

何かが起きたときに、言葉通りに受け取れず、「自分のせい？」「おまえのせいだ」と責任の所在を明らかにしたがる人がいます。

言葉そのままに聞けばいいのです。

誰も責めてないし怒ってもいない。自分で自分が責められていると思い込んでいるんです。

人の言うことを否定的に捉えるマイナスのクセが「わたしのせい」ってなるんです。

鑑定のときも「言葉通りに受け取ってくださいね」とお話しをすることが多いです。

「夫がこんな風に言った、あんな風に言った。きっとこれこれこうだからこう言ってるに違いない」と言うので「本当にそう言ったんですか？」と尋ねると「え？」と、不思議そうな顔をします。

わたしはもう一度、同じ質問を投げかけます。

「ご主人がそのように言ったんですか？」

「いいえ、そうは言ってませんが……。でも、そうなんです、わかります」

「あなたの感情が入っていますよね。旦那さんの言葉をそのまま素直に受け止めてみたらいかがですか」

「あ」って気づく人もいれば、まったく気づけない人もいます。

「でも！　そう言ったってことは、こういうことがあるからこういう風になってこう言ったんですよね？」と食い下がります。

完全にドラマをつくっていますよね。自分で考えた想像で、自分が苦しめられているんです。だけど気づけない。

浮気を騒ぎたてる人も全員とは言いませんが、自分で創作したドラマで浮気を決めつけている人がいます。

「スマホの着信をわたしに見せないようにしたんです。だから浮気しているに違いない！」

そこからドラマの創作が始まります。「目を逸らした」「わたしからすーっと離れた」など、自分の思い込みを証拠にして脚本が進みます。

けれど、ご主人の立場になったら、覚えのないことで責められているわけです。家にいるのが息苦しくなりますよね。そのうち本当に浮気をするかもしれません。

わたしも経験があります。

結婚したころ、何もしてないのに夫に浮気を疑われました。「俺は騙されないぞ。お前は絶対に浮気している！」と決めつけて責めてきます。わたしが何を言っても「そんなの言い訳だ」と聞こうとしません。浮気している前提で攻撃してくるから、噛み合わないんです。

そのうちわたしは話してもムダだと思うようになり、どうでもいいわって投げやりな気持ちになりました。妄想創作ドラマなんていりません。

闘争逃走本能は
いまはいらなくなった本能

人間が持っている本能のうち、いまはいらなくなったものが闘争逃走本能です。闘争本能と逃走本能がくっついた、このエセ本能はほんとうにやっかい。

わたしたちを振り回して、マイナスな感情を抱かせ、魂を傷つける、恐ろしい本能です。

むかしむかしの遥か大むかし、文明が発達していなかったころ。闘争本能も逃走本能も人間が生き延びるには必要不可欠でした。

狩猟民族も農耕民族も、生きるために野生動物と戦って、野生動物から逃げる必要がありました。文明の発達に伴い、部族社会から国家が誕生し、国が統一される過程でも、敵と戦って、敵から逃げなくては生き延びれませんでした。

でも、いまは？

日本に限っていえば、生き延びるために敵と戦う必要はないし、逃げなければ命が危うくなるような敵もいない。だから、闘争本能も逃走本能も、いまの日本では気をつけないと、間違った使われ方をしてしまう本能だと思っています。

間違った使われ方で生まれたのが闘争逃走本能です。いまはいらなくなった古来から持つ本能です。

闘争逃走本能が強い人は、人間関係に揉めごとを抱えていることが多い。

とにかく、むやみやたらに人と戦うのです。会社の同僚と、隣人と、配偶者と、家族と。相手を叩きのめして自分の権利や主張を通そうとがんばります。一歩引いて、相手との折り合いを見つければ済むことなのに、戦って勝たなくては気が済まない。

結果、相手に不快感を与え、人間関係が悪くなります。

そうなると出てくるのが闘争逃走本能の逃走部分。自分の非を認められず「わたしは悪くないのに」と悩む。逃げているわけですよね、向き合わなきゃいけない現状から。自分の非を認めず、逃げてばかりだから何も変わりません。

闘争逃走本能が強い人は、いつまでたってもどこへ行っても、誰かを叩きのめして人間関係で揉めているのです。

こうして生まれた感情はマイナスのものばかり。本来の逃走本能は、襲われたら逃げるというものだったけれど、現代では本来の意味で襲われることがなくなったせいか、闘争本能とくっついて、マイナスの感情を生み出すものになってしまいました。

マイナスの感情は魂を傷づけ、体をむしばみます。闘争逃走本能は、手放すに限ります。

本来の逃走本能に従えないと闘争本能過多となり危険

現代の日本でも命の危険を感じることがあります。その場合は素直に逃走本能に従い、速やかに逃げましょう。でないと、闘争本能過多となり、病気になるまで戦い続けることになりかねません。

たとえば「もうムリ。限界。この仕事を続けられない」と思っているのに、「辞めたらどうなるんだろう。お金はどうなるんだろう。生きていけるんだろうか」「辞めるということは逃げることにならないだろうか？」と考え、ムリして仕事を続ける。そのうち腰が痛くなり、頭が痛くなり、眠れなくなり……と、不調に悩まされるようになります。

これは「このまま仕事を続けたら壊れる」という体からのメッセージ。逃走本能に従って、さっさと仕事を辞められればいいのですが、「辞めるわけにはいかない」と仕事と闘ってしまう。

次第に闘争本能過多となり、アドレナリンが大量放出され、体の不調も気にならなくなってきます。自分では「最近、調子がいいな、仕事を辞めなくてよかった」と思っているかもしれません。実際は、体からのメッセージをムシしているだけで、病気にむしばまれていることが多く、気づいたときには末期のがんだった、なんてことも起こりえます。

そうならないためにも、「仕事を辞めてもなんとかなる」と考えるようにしましょう。ムリして仕事を続けるよりも、自分の状況を俯瞰で見ることが大事なのです。仕事を辞めるのは負け犬でもなく、逃げることでもない。自分の居場所を変えるだけだと考えるとラクになります。

命の危険を感じたら逃げる許可を与える

DVや、学校や職場でのいじめに遭ったら、大急ぎで逃げてください。

ライオンやヒグマに出くわしたら逃げますよね。

同じです。

「弱いやつと思われたくない!」「こっちが悪くないのに逃げるなんて!」と、その場に踏みとどまっても、あっという間に、ライオンやヒグマに食べられてしまいます。

死ぬ名誉なんていりません。

逃げて生き延びてください。

いじめられて不登校になったら、ポジティブに逃げちゃえばいいのです。転校も退学も〈逃走〉ではないです。むしろ、不登校でいることの方が、逃げたいと思っているけれど逃げずに戦っている状態。闘争逃走本能に振り回されています。同じ場所に留まって、ずーっと戦っているだけで何も解決しないどころか、心と体にストレスがかかるだけ。

転校や退学を〈場所を変える。環境を変える〉と考え、次のステップに移ろう！とポジティブに行動すればよいのです。魂にも「学校にいると命の危険があるから、違う場所に移るね」と伝えてください。

縄張り争いを例に考えてみましょう。

AからZまでの地域があり、好きな場所を選んで縄張りを張れるとします。どれも広大で肥沃な土地で優劣はありません。

あなたはA地域を選びましたが、先住者がいました。

このとき「どっちがA地域にふさわしいか闘って決めよう」と戦うのではなく「じゃあ私はB地域に行きます」とB地域に移動すればいい。つまり、転校は「わたしはB地域に行きます」と同じ意味なのです。

そして必ず、自分に許可を与えてください。「いまの環境を手放して別のところに行く許可をします」と。

「逃げじゃないよ」と魂に伝えることが重要です。

どうしてもわたしたちは「逃げる」に対して、ネガティブに感じがち。「逃げちゃいけない」という思いに執着して、つい戦ってしまう。

だったらいつでも逃げられるように準備だけしておいて、いざとなったら自分で自分に逃げる許可を与えればいい。それだけなんです。

離岸流に流されて溺れかけたときも魂からのメッセージで助かった

小学生のときのことです。離岸流にとらわれて溺れそうになり、魂に助けられました。

その日は、いとこたちと伊良部島の砂浜の浅瀬で泳いでいました。

しばらくすると、ひゅ〜っと体が持っていかれるように、勝手に砂浜から離れようとするんです。あれ？あれ？あれ？と思って「えー、ちょっと待って、ねぇねぇねぇ」と、自分の体に言うんだけれど、体は言うことを聞いてくれません。どんどんどんどん沖に行こうとする。

友だちや大人など、周りにいた人はわたしに異変が起きているようには見えないみたいでした。「助けて」と言っても、笑うだけ。

わたしが溺れかけていることにも、沖に流されそうになっていることにも気づかないのです。

それもそのはず。わたし自身が、あっぷあっぷ溺れた様子ではなかったから。海面に浮かんでいるようにしか見えなかったんだと思います。それほど深いところにいるわけでもないし、遠くにいるわけでもない。なにをふざけているのだろう、ぐらいは思ったかもしれません。

でも、実際のわたしはというと、何かに引っ張られて沖に体を持っていかれる感じなのです。「足を引っ張られて溺れた」とよく聞くけれど、まさにその通り。

何かに引っ張られてぜんぜん止まらない。あれれ?って、どんどん沖に流され、足がつかなくなっていく。

そのときです。
流されている自分の状況にそっくりな映像が、パパッと脳裏に見えたんです。映像からは音声も聞こえました。

沖に引っ張られるような強い流れがあるよ。
そういうときには無理に抗わず、力を抜いて浮かびなさい。
海面に寝なさい。
とりあえずゆっくりと背泳ぎをして流れに逆らわないこと。
逆らったら体が緊張して溺れるよ。
流れに引っ張られるまんま背泳ぎをして
すこーし流されたら
流れがゆるくなるから
横に移動しなさい。

ほんの一瞬でしたが、鮮明な映像でした。その通りに泳いで、わたしは離岸流から逃れることができました。

これね、小学校に入ったころに父親が教えてくれていたの。すっかり忘れていたけど、魂が思い出させてくれました。「むかし聞いたでしょ？」ってポーンとわたしの顕在意識に情報を与えてくれたんです。

過去世からのメッセージ★

テンパってややこしく考えるからわからなくなる。
答えはシンプル。

これまでやってきたことは何だったんだって
虚しくなるときもある。
そういうときは、自分に甘くなればいい。

人は誰かの役に立っていることを実感できたときに
自分に価値があると思う。
他人から必要とされると安心するものね。
だけど
逆に誰かを必要としたっていい。頼って甘えていい。

失敗は終わりじゃない、始まり。
そこからどう挽回するかにすべてがかかっている。
絶望にするにも希望にするにもそのあとの行動次第。
一度も失敗せずに生きていける人はいない。
誰だってミスをするし、他人に迷惑をかける。
失敗をチャンスと捉えて前を向こう。

第三章

宇宙を味方につける

太陽と地球と月の完璧なバランスに守られて
わたしたちは誕生し、育まれてきた

太陽と月と地球に、わたしたち地球上の生き物は守られてきました。

太陽と地球と月の完璧なバランスによって、わたしたちは存在しているのです。というのも、互いの距離が、ほんのちょっと長くても短くても、地球に命は誕生せず、命が育まれることはなかったからです。

地球は自転しながら完璧な速度で、完璧なバランスを保ちながら、太陽の周りを公転しています。地球を公転する月も、完璧な速度と距離を保っています。

ビッグバンの大爆発と急膨張でわたしたちが暮らす宇宙が生まれました。ビッグバンの大爆発でできた元素が長い歳月を経て、太陽系の惑星となりました。そして太陽と地球と月の完璧なバランスが整い、地球に空と海ができました。やがて命が誕生し、人類が生まれました。

だから、宇宙に逆らって生きるのはよくないと思うのです。

地球の自然界を壊していくのも、宇宙に逆らっていることにつながります。地球が壊れるということは、太陽と地球と月の完璧なバランスを崩すことだからです。

太陽と地球と月の完璧なバランスが崩れている
それは宇宙からの強いメッセージ

ビッグバンの大爆発と急膨張によって、暗闇だった世界に光が誕生しました。つまり、陰しかなかった世界に大きな陽が生まれたのです。

太陽と地球と月の完璧なバランスというのは、陰陽のバランスがとれた状態なんです。

陰陽のバランスは、常に対等ということはなくて、陽が強いときもあれば、陰が強いときもあります。

近年はずっと陰が強い傾向が続いています。

宇宙から見ると、いまの地球って具合が悪い状態。宇宙のルールから外れた、赤信号がチカチカ点滅している異常事態発生中なんです。

美しかった大地が削られ、コンクリートで覆われました。

美しかった海が廃棄物で汚染されました。

人間がつくった化学物質たっぷりの空気が地表に充満しています。

地球が人間だったらきっと、「目がチカチカする。息もできない」って病気になっていても不思議ではないですよね。

太陽と地球と月の完璧なバランスも崩れてきているのです。バランスの調整をしようとしたときに、地球上では陰の比重が強くなります。

陰の比重が強い状況は、地球からのメッセージです。

わたしたちは、なぜ陰が強いのかを考え、陰陽のバランスが対等になるように行動する必要があります。

とくに２０２０年は陰が強大すぎて陽がほとんどないという、人間にとっては負の年でした。でも宇宙全体で見たら、陰陽のバランスは対等でした。

人間だけなんですよね、閉経しても生きてるのは。動物は子孫繁栄ができなくなったら、命が終わります。昆虫もそう。人類の祖先も子孫繁栄ができなくなったら命が終わっていました。

種の保存を最優先に生きているのです。それが宇宙に沿って生きることなのです。

だからといって、わたしは医療を受けないとは考えません。長生きの必要がないとは考えません。もちろん、現代の文明を否定するつもりもまったくないです。わたし自身が高度医療のおかげで、消えかけた命を２度も救ってもらったのですから。

ただ、もう少し謙虚になって、太陽と地球と月の完璧なバランスに守られて生きているということを意識した方がよいと思うのです。

宇宙に沿った生き方をして人間本来の営みを取り戻そう

宇宙に逆らわないよう生きるというのは、日の出とともに起きて日の入りとともに休むような日々の営みを繰り返すことだと思います。

便利ではあるけれども、電気に頼って深夜まで起きていてもいいことはあまりないのではないかなあ。夜は眠って心身を休めた方がいいと思うんですよね。

食欲・性欲・睡眠欲という、いわゆる人間の三大欲求というのは、実は、生き物が種を未来へつなぐための必要不可欠なもの。夜に眠らずに睡眠をないがしろにするのは、種の存続に熱心でないということ。当然、体調も悪くなります。

伊良部島にある父の実家は朝がとても早かったんです。日の出前の、夜が明け始めて空がうっすらと白くなってきたころに、もそもそ起きてきて、お茶を飲んで雑談をする。まだ朝ごはんは食べないんです。

日が昇った瞬間に畑に行きます。夏なら4時前くらい。ものすごい早いんですよ。完全に太陽が昇ったころに、暑いから一旦、家に帰ってきて、やっと朝ごはん。とはいえ、まだまだそれでも朝の8時くらい。

で、残りの午前中にちょっとまた作業して。お昼ごはんを食べたらお昼寝。暑いから。

夕方になるとまた畑にちょこっと行って、早々に切り上げて帰ってきて、夕ごはん。だいたい5時ごろだったかな。早いときには4時に食べているときもありました。寝るのも早い。電気があるのに、電気を使っていたイメージがあまりないんですよね。

なんかね、太陽の暑さっていうか、紫外線に沿った営みだったと思う。子どもだったわたしには、朝は早くから起こされるし夜も眠くないのに寝かされて、ちっとも楽しくなかったけれど、太陽とともに起きて、太陽とともに終えるみたいなのが、地球に沿って宇宙に沿って生きているのだと強く実感していました。

当時を思い出せば思い出すほど、あれが本来の生き方よね、と感じるんです。この先の時代はテレワークとワークシェアリングが主流になって、好きな場所で好きな時間に働く人が増えていくのですが、そういう人たちはきっと、自分のペースを保ちながら太陽とともに毎日の営みを送っていくのでしょうね。

２０２３年、２０２４年、２０２５年が大きな節目です。

価値観の崩壊と構築が起きて、やっとわたしたちが、宇宙に沿った生き方をできるようになりそう。非常に強く感じます。

きっと最初はみんな、だら〜って怠けるようになると思います。何世代にもわたって忙しく働き続けてきたクセが残っているから。好きに時間を使ってください、と言われても戸惑うんじゃないかな。

でも大丈夫。人間はすぐに順応する動物だから。そのうち、「どうやってその時間を楽しもう」と前向きに時間を使うことを考え出します。

夜明けとともに起きて、ジョギングして、朝ごはんを食べて、ちょっと休息して仕事して。そういうのんびりとした働き方をする人が増えてくるのかなっていうのも感じます。

人間本来の営みに戻るというか。

新月のときは暗いから、休み時間が多いかもしれないけど、晴れていれば星がね、すごいよく見える。星空を眺めて。満月だったら、いつまでも明るいから夜でも活動できます。

むかしの宮古島では、十五夜はお庭にゴザを敷いて、十五夜のお団子とか、おはぎとかをいっぱい作ってお料理も作って、隣近所からも集まってきて。満月だから明るいんですよね、電気いらないんです。

貧しかったかもしれないけど、でもわたしの感覚ではすごい余裕がある生き方をしていました。

野菜もその季節の旬なものしか手に入らなくて。

いまはいつでもどこにいても、何でも手に入りますよね。夏野菜のきゅうりやトマトが一年中スーパーに並んでいたり。

いちごもいつの間にか冬の果物になりました。本来は、春に花が咲いて5月ごろに収穫できるものでしたけど。クリスマスに合わせて温室でつくるようになったからでしょう。

いまを否定をするつもりはないけれど、宇宙から見たら、そういうことが、太陽と地球と月の完璧なバランスに反している、となるわけです。

宇宙はそれを元に戻そうとしています、たぶん。いろいろな事象から、わたしたちにメッセージを送っているのです。

洪水や地震や噴火など、近ごろ大きな災害が続くのもそう。

深海魚が海面に上がってきたりするのもそう。

感染症のパンデミックもそう。

もう何十年と、宇宙や地球から「宇宙に沿った生き方をして」というメッセージが届いていたのに、人間はムシし続けてきました。その結果、宇宙自らが、太陽と地球と月の完璧なバランスを崩してきたのです。再構築のために必要な解体なのです。

宇宙に沿って人間が生きれば、バランスも整います。そろそろわたしたちの生き方を見直す時期だと思います。

人生は1から9で1クール。宇宙のエネルギーに助けられながら、よりよい未来へ進んでいる

ほとんどの人の人生が9年サイクル。11年サイクルとか22年サイクルとかの人もいるようですが、だいたい9年サイクルで生きています。

1から9で1クールです。

0はオギャーと生まれたとき、カウントしません。
1、2、3がステップの時期。4、5、6がジャンプの時期。7、8、9がホップの時期です。
それぞれの時期には、それぞれの運気が流れています。

あなたはいま、小さなボートに乗っています。これから川を下って、理想の土地まで旅をします。ボートには1本のオールがあるだけ、エンジンなどの動力はありません。

旅の始めは川幅の狭い、小さな流れの上を、ゆ～っくりとオールを漕ぎながら進みます。1、2、3のステップの時期です。おいしそうな果実があったら岸に立ち寄るのもいいですよね。ゆ～っくりゆ～っくり。川底には石がごろごろしています。気をつけながら、景色を楽しみながら、ボートを漕ぎましょう。

1、2、3は、休息しながらインプットをする時期なんです。いま手がけていたり、これから始める仕事は、暴走せず微調整をしながら「ちょっと違うな」と思ったら立ち止まって形を変えながら進めるといいですよ。

この3年間に何を積み上げるか、何をするかによって、次の3年が変わります。

川の両岸がそそり立つような岩壁になりました。4、5、6のジャンプの時期に突入したようです。流れも急峻となりました。全力でオールを漕いでください。水しぶきを上げ、ものすごいスピードで岩を避けながら川面を飛ぶように進みます。時には、ボートの側面が岩に擦れたり、全身がずぶ濡れになるかもしれません。よそ見をせず、集中して漕ぎましょう。

4、5、6のこの時期は、1、2、3の時期に準備をしたり、自分に取り込んだものを大きく飛躍させる時期なんです。ただ、スピード全開のため、スランプやトラブルも起こりやすい。そんなときは自分を癒しましょう。自分に対して奉仕の精神を持つといいですよ。

もしも、この時期を挫折と不調で過ごすことになったら、その前の3年間に、インプットできていないせい。だらだら過ごして基礎をきちんと築き上げてこなかったのです。キレイな景色を見るためにゆっくりオールを漕いでいたのではなく、なんとなく惰性でボートに乗っていただけ。だらだらした生き方をしていたから、チャンスがチャンスにならず、通り過ぎてしまいました。

急峻だった流れも穏やかになり、川幅も広くなりました。オールを積極的に漕がなくても安全に進めるようになりました。そろそろ理想の土地が近づいてきたようです。

7、8、9のホップの時期に入りました。川の流れにうまく乗れていれば、理想の土地へ近づけます。土地が見えたらボートを岸に寄せ、上陸する準備をしましょう。もしも、理想の土地が思っていたのと違っていたら、あたりをよく見回して、別の土地に上陸してみるのもよいです。軌道修正するのもこの時期です。

ただし、もっともっとよい土地があるかもしれないと欲張るのはやめましょう。上陸せずにボートを漕ぎ続けると、ボートが壊れ、溺れるかもしれません。流れの先に滝があり、滝壺に落ちるかもしれません。海に出て大波にさらわれるかもしれません。

必ず上陸してボートから降りることが大切です。

上陸したら、次の旅に備えて、ボートやオールのメンテナンスをしましょう。漕いできた自分自身の体も休め、栄養や睡眠をとりましょう。7、8、9の時期は、目的を達成し、休息&メンテナンスをするタイミングです。次の新しいクールに向け、英気を養うのです。

この時期に体を労《いたわ》らずに、これまでと同じようにスピード全開で生きていると、早期に病気を発見できず、最悪な場合、死に至ることも。

休息&メンテナンスの時期ですから、できれば人間ドックなどで徹底的に健診を受けるといいでしょう。病気を早期発見できれば、健康を取り戻し、次のクールで再生できます。

いまの自分の数を見つける方法

自分がいま、1から9のどの数字なのかは、今年の西暦と生まれた月と生まれた日を足せばわかります。

まず、生まれた月と生まれた日を一桁になるまで足して、自分の誕生数字を出します。

その誕生数字に調べたい年の西暦を足します。それを一桁になるまでさらに足します。出た数字がいま現在、あなたのいる数字です。

たとえば今年が2021年で、5月22日生まれの人の場合。

生まれ月5＋生まれた日22＝27　2＋7＝9　9がこの人の誕生数字です。

今年が2021年なので、2＋0＋2＋1＋9＝14。1＋4＝5。この人はいま現在、5にいます。

正確な運勢を知るには、この数字のほかに、あなたの生まれたときの数字、地球との関係、陰陽の状態などが複雑に絡みます。でも、この数字だけでもざっくりしたことはわかりますよ。

それぞれの数字について、詳細に解説しましょう。

【1】新しいことに挑戦するのに最適なタイミング

1はスタート。その前のクールで目的を達成できたら、次の新しい何かに挑戦するのに最適なタイミングです。

堅実に物事を進めていけば、未来で発展につながります。ポイントは冷静な判断と態度です。

変化するチャンスがある一方で、不安に襲われやすい。何かを始めるときって、どうしても躊躇しがちですよね。

躊躇して行動に移さないと、マイナスな感情が出てきます。そんな場合は、マイナスな感情を「そうじゃないよね」と切り替えてスタートするといいでしょう。

自分自身が野心的になりすぎたり、周りに批判的すぎたりして、孤独感を感じ、孤立が生じやすい時期でもあります。何事にもリスクはある、という考え方を持つことが大事。

【2】対立が生まれやすくなるので折り合い点を見つけましょう

人と意見が合わなくなってきます。

意見が合わなくなって対立が生まれやすくなります。思ったように物事が進まないことも起こるでしょう。

ライバルが出現するかもしれません。

原因は、自分自身が頑固になってるから。でも自分では頑固になっている自覚がなく、むしろ自分が耐えていると悲観的に思い込んでいます。

2の時期はできるだけ折り合いをつけてください。

意見が合わなかったら一致点を見つける工夫をしましょう。頑固にならずに共感すれば協力関係がつくれますよ。卑屈になって機嫌をとったり、お世辞を言ったりはしないこと。意志を強く持つことが大事です。

感受性の共有がポイントになります。

【3】奉仕の精神を持てれば、大胆な行動も可能に

3は、トラブルが起こりやすい時期です。

トラブルが起きてスランプ状態になりやすい。そんなときは奉仕の精神で、博愛の心を持って寛容を心がけるといいでしょう。バランスがとれて、周りと順応できます。大胆な行動も可能になるでしょう。

親切心を忘れずに過ごしましょう。

奉仕の精神が持てないと、我が強くなったり、ワンマンな態度になりがちです。優越感は災いを引き寄せるのです。偏屈な考えに陥ってスランプ状態になります。思うようにならないときは、自分自身が頑固になっていないか、自分の行動を振り返りましょう。

いちいち目くじら立てないことが大切です。

【4】チャンスの神様到来。自分の夢を叶えましょう

理想、目標が実現します。

希望を持てるチャンスの神様到来です。プレッシャーを感じても、伸び伸びとやりたかったことに挑戦して自分の夢を叶えてください。魂からのメッセージを敏感に受け取ることができます。

素直さがポイント。

一方で、前の年のトラブルが解決できていなければ挫折を味わうことになります。猜疑心を持ちやすくなり、心身ともに不調を感じることも。

感情的になりがちで、行動が臆病になるので注意しましょう。

【5】潜在能力が開花します

5の時期は魂からのメッセージを敏感に感じ取ります。

魂からのメッセージを信じて行動すれば、宇宙のエネルギーにサポートされて、あなたの潜在能力が開花します。

感謝の気持ちを持って行動することで、成長を実感できるでしょう。

一方で、この時期はすごくエネルギッシュになるため、妙な不安を抱いて優柔不断になりやすくなります。あるいは、行動がせっかちになり衝動的になることも。

気持ちが閉鎖的になるかもしれません。

不安は行動の足りなさです。怖がらなくて大丈夫。魂からのメッセージを信じて、自分の才能を開花させましょう。

【6】上昇気流に乗って夢や望みに向かって進みましょう

6の時期は調和がとれて、何に対しても上昇傾向が生まれます。前の5の時期の流れとつながって活動的になっているため、集中力が増して夢や望みが叶いやすくなります。

ただし、短気になったり、嫉妬心を持つと、運気が下降します。事実でないことを考えすぎて妄想に囚われると、バランスを崩し健全さを失います。執着心はすぐに手放しましょう。

【7】魂の導きでよい運気が続きます

6からの上昇気流に乗って思考力が増し、新しい分野に進むための魂からのメッセージが頻繁に届くようになります。

自分から積極的に行動に出るのではなく、魂の導き通りに行動しましょう。力を抜いていれば、さらに上へと続く上昇気流に乗れるでしょう。

一方で、他人に攻撃的になったり、軽率な行動に走りやすくなります。非現実的なことに囚われてマイナス思考に陥り、発想や行動が安易になりがちで判断を間違えることも。活動のスピードをゆるめ、自分自身を労ることが大切です。

【8】夢が叶い、心と経済のバランスがとれるようになります

流れにうまく乗れ、これまで続いてきたよい運気の流れが自分のものとなり安定感が増してきます。

夢が実現し、心と経済のバランスがとれます。

しかし、休息&メンテナンスの時期ですから、積極的に行動すると空回りします。さらに、衝動的な行動が度を越すと、バランスを崩しマイナスの方向に進む場合も。宇宙からのエネルギーを味方につけているときですから、考えすぎやがんばりすぎなど、いろんなことが過度になりがち。

自分勝手な欲望が表面化しやすく、求めや期待が強くなります。

【9】次のクールへ向けて、休息と感謝を

次のクールへ向けて、人生の根本を客観的に分析する時期です。必要ならば、人生の計画を見直してください。

自分の周囲にいる人へ敬意を持ち、感謝しましょう。もし、ここまで上昇気流にうまく乗れていなければ、やり直しできるチャンスです。

他者を受け入れましょう。

幅広い知識の吸収もやり直しに役立ちます。

休息&メンテナンスの時期ですから、必ず、自分を労って休むこと。9には破滅や人生の終焉の暗示という意味もあります。

懐疑心が生まれて邪気が忍び寄り、重たい病気を患うことも。

持病があってもなくても、体調がどこも悪くなくても、必ず病院で精密検査を受けましょう。

希望の未来は気づけた人だけが得られるが挑戦はいつからでもできる

せっかくいまの自分の数字がわかったのなら、やりたいこと、夢や目標に向かってすぐに行動してください。

行動しなければ、何も変わりません。

希望にあふれた未来は、あなたから遠く離れたままです。

ずっと以前に鑑定した人の50代の男性の話です。

「何かわからないけどモヤモヤして生きづらい。モヤモヤの原因を見つけてほしい」と宮古島までやってきました。

鑑定しているうちに「この人はなんで普通のサラリーマンをしてるんだろう？」と疑問が湧いてきました。見た目はごくごく普通のサラリーマンなのです。でも魂は、人間の心や精神に興味を持っています。魂と実際の生き方がちぐはぐなんです。

もしかしたらここにモヤモヤの原因があるのでは？と考え、「心理学に興味がなかったですか？」と聞いてみました。

「実は、大学を選ぶときに、精神学を学ぶか経済学を学ぶか悩みました」

と男性は答えます。

「でも精神学は医学部に進まないと学べない。お金も時間もかかるから、経済学を選んでサラリーマンになりました。あのころはバブルで景気もよかったので」

ああ、と合点しました。だからモヤモヤして生きづらかったんです。

「精神学を学びたかった自分を思い出してみてください」とわたしは言いました。

「なんだか、ウキウキしてきました。実は……定年退職したあとに、精神学を学べたらいいなあってぼんやり考えていたんですよ」

結局その男性は、宮古島から帰ってすぐに通信の大学に申し込んだそうです。定年まで待たずに会社を辞め、大学院にも進学して、臨床心理士になりました。いまでは企業や病院の臨床心理士として順調に活躍しているみたいです。

自分が本当に叶えたいって思えば、本気を出して実行するんですよね。

「もう50歳だから」とか「定年になってからでいいや」とかではなくて、気づいたから即実行。

自分なんです。目標を持つか持たないか。実行するかしないか。

すべて、あなた次第です。

2021年は潜在能力の開花
2022年は活況か墜落か

一人ひとりにその年の運気があるのと同じように、地球にもその年の運気があります。

地球上で生きているすべての生き物は、常に地球に守られ、地球の影響を受けているわけですから、地球の運勢も地球上に生きているすべての生き物に影響します。

2021年の地球は潜在能力開花の年。その影響を受けて、みなさんも、ご自身が本来持っている隠れた才能が発揮されやすくなったり、魂が持つ願いが叶いやすくなったりします。エネルギーや気の流れが、潜在能力開花に向けて助けてくれるような一年です。

ただし、陰と陽は背中合わせ。

そのため、不安だったり、ちょっとしたことに動揺したりというのも起きやすい。できない理由をこれでもかというほど、並べ立てます。

「挑戦を家族に知られたら、恥ずかしい」

「できるわけないのに、やるのはムダに決まっている」

「こんなに忙しいんだから、新しいことに挑戦している時間なんてあるわけない」などなど。

思うんですけど、不安って、結局は行動することに対して躊躇ししていることの表れなんですよね。

自分の才能が開花するときは、何か大きなエネルギーが働きます。

まっすぐに流れていた川に巨岩が落ちてきて、まっすぐだった流れが蛇行するように、その人の人生の流れが、ガッと大きく変わろうとする。不安に包まれるのも当たり前なんです。

自分に自信がない人は「私には絶対できない」と感じると思います。動揺するんです。

「なんで私に、こんな難しい仕事を振るの？」って。

でも必ず意味があります。潜在能力開花に向かって引き寄せられている証拠でもあるんです。

だから、動揺せず不安がらず、まずは行動する。

「できる自信はないけれども、とりあえずやってみよう。流れてきたことに意味があるはず」

と自分の魂に話しかけ、行動することが重要です。

失敗を恐れて何もしなければ、未来は変わらない。でも失敗を恐れず行動すれば、新しい何かが開ける。

そういう年です、2021年は。


2022年は、どうなるかな。活況か堕落か、どちらかなんですよね。

活況になれば、地球全体が活動的となり、コロナ以前のようなグローバル社会になります。墜落になれば、パンデミックの影響を引きずって地球全体が停滞し続けます。コロナをどう収めるかによりますよね。

でも上昇傾向はすごく強い。2020年、2021年の停滞していた時期のエネルギーがすごく溜まっていて、上に登りたい、これ以上は落ちたくない、という力が強く働きます。

活況に進んでも、墜落に進んでも、さまざまなことが変わるでしょう。価値観が変わって、人の生き方、時代が変わっていく。物質的な豊かさはあまり重要視されなくなりそうです。

２０２３年から２０２５年に価値観の崩壊と構築
宇宙の魂を持った子どもが地球を救う

２０２３年からの３年間に、大きな変革を強いられそうです。私たちの人生に置き換えたら、「人生の計画の見直しをしてください」「休息&メンテナンス」という７、８、９の時期です。

これまでも、平和の波や景気の波はあって、その時々で調整をしてきたのですが、ぐるんぐるんと振り回されるように大きく時代が変化しそうです。わたしたち人類が培ってきた常識とか慣習とか法律とか、価値観すべてが壊れていきそう。

とはいえ、それは人間の立場での話。

地球の立場になったら、再構築のための解体なのです。一見、壊しているようで実は修理しているのです。宇宙が、太陽と地球と月の完璧なバランスを整えているのだと思います。

わたしたち一人ひとりも、2023年からの地球の運気に振り回されます。エネルギーがものすごく強いから、陰に転ぶ人が多そうです。

2020年のパンデミックが引き金になっているのかもしれません。大地震が起きたり大噴火が起きたり。いろんなことが起こりそうです。人口が減ったり怖い病気が流行りやすかったり。

そういえば新型コロナウイルス肺炎が最初に発生したのは2019年でしたよね。2019年は陰の力が強かったんです。病気の災いが起こってスランプ状態になりますよ、という1年でした。

２０１９年の年末ごろから死臭が漂うようになり、２０２０年1月になると死臭がどんどん強くなっていきました。臭くて臭くて、大変な年になりそうだと思ったのを覚えています。

21世紀に入ってから、グローバルな魂を持つ子どもが誕生しています。魂が日本人じゃないのに、なぜか日本に誕生してるんですよね。外国の過去世を持った魂たちが非常にたくさん、２０００年代に日本のあちこちで誕生しました。

20世紀にも外国の過去世を持つ子どもが日本で誕生することは、珍しくはなかったけれど、あのころの子どもたちの魂には国籍がありました。アメリカの過去世を持った魂だったり、インドの過去世を持つ魂だったり。過去世はどこにいたのか、はっきりわかったのです。

けれども、21世紀の子どもたちのグローバルな魂は国籍を超越したところに存在しているのです。

わたしたちの持っている価値観が通じなかったり、逆に、その子どもたちの発想や視点が突拍子もなさすぎて、わたしたちが理解するのに時間がかかったり、理解すらできなかったり。まるで未来を変えるためにやってきた宇宙人みたいな感じ。

不思議なもので、そういうグローバルな魂を持つ子の親は、自分の子どもに違うところがあると直感でわかるみたいです。

わたしのところにも「この子をどう育てたらよいですか」と、赤ちゃんを連れて鑑定に来る方がいるのですが、だいたいがグローバルの魂を持つ赤ちゃん。地球を救う力を持つ赤ちゃんが多いです。

とはいえ、地球を救う力が発揮できるかどうかは、育った環境次第。

子どもの魂がどのような性質か、親が早く気づいて環境を整えてやることは重要です。おとなの理解が子どもの能力に追いついていないだけなのに、「変なことを言う子だわ」と子どもの能力を潰すような育て方をしては、元も子もないですから。

グローバルな魂を持った赤ちゃんは日本だけじゃなくて他の国でも誕生しています。

２０２３年は、２０００年ごろに生まれた子たちが20歳~23歳になるころ。地球が大きく変化し、価値観の崩壊と構築を迎える時期に、グローバルな魂を持つ子どもたちがおとなになりました。その子たちが地球と人類を救う何かを生み出すんじゃないかと期待しています。


いま、わたしの聴覚には、いろんな声が聞こえています。

新しい時代には、人々の伝達方法が、メールから声に変わるのじゃないかと思います。機械音ではなくてその人の声そのもの。楽しげに会話する人たちの声が未来から聞こえています。

陰の力に引きずられず
変革の時代を迎えるために

価値観が変わる２０２３年を迎えるためには、いま、この瞬間から行動することが大切になってきます。

２０２１年の地球の運気は潜在能力の開花だということは、前述した通り。その地球の影響をうけて、誰もが多少なりとも魂からのメッセージに敏感になります。魂からのメッセージが届くのは、ふわっと0.2秒という超一瞬。「気のせい」「思い違い」などと流さずに、受け取ったメッセージに従って行動してください。

不安になったら「行動が足りない証拠だ」と自覚し、もっと行動してください。物事がうまく進んでいないと感じたら「自分が頑固になっている」と柔軟になるように心がけましょう。マイナスな感情であふれそうなときは「自分が原因かも」とマイナスな思い込みを取り除きましょう。外に原因はないんです。どんなことも自分の中に原因があって答えがあります。

出来事は自分の外で起きます。だから放っておけばいいのです。なのにわざわざ、自分の内側に取り込んで、自分の怒りと悲しみにくっつけてしまう。怒りも悲しみも自分の内側にあるわけだから、何かが起きて怒りや悲しみで包まれるのは、自分が原因だと思った方がいい。

自分に視線を向け、自分と対話をすることで、魂からのメッセージを受け取りやすくなりますよ。そしてなるべく、いろんなジャンルの知識や技術などを身につけるようにしてください。インプットできればできるほど、大変革の時期を乗り越えやすくなりますよ。

マイナスのクセを手放せば宇宙が味方になり新しい価値観の時代を乗り越えられる

これから先の、価値観が変わる時代を迎えるためには、いま、この瞬間から行動することに加えて、出来事や感情、価値観を手放していくことが必要になります。手放すことを恐れていては、新しい時代から取り残されてしまうでしょう。

手放せないときは頑固になっているとき。

そういうときはたいてい出来事や物事、感情に執着しています。執着しているから、身動きがとれなくなって頑なになり、手放せないんです。

あなたが頑なになっている相手が人間だったら、相手のしたことを許しましょう。人間性など相手のすべてを許す必要はありません。相手にされて生じた怒りを手放すのです。

どんな感情でも同じですが、手放すためには、自分の意識を相手から離してください。

相手を無理に美化しなくていいし、相手の長所を見つけなくていいのです。相手に対して怒りというマイナスの感情を持ち続けることが、自分の魂を傷つけるのだから、「まぁいっか」と許して、相手への執着を手放しましょう。

自分の意識から相手を離すのです。

すごくラクになりますよ。

相手に嫌なことをされると、「なんで、そんなこと言うの?」「どうしてそんなことするの?」のように、わたしたちはすぐに、相手の行動心理を理解しようとしますよね。そして、「こうだからに違いない」と妄想ドラマを創作し始めます。

でもね、理解しなくてもいいんですよ。いちばん大事なのは、自分と自分の魂だから。

自分と自分の魂に意識を向けると、マイナスの感情はすぐに手放せます。「あ、なんかこっちが楽しそう」くらいの感じで、気楽に別のことを意識してみてください。

マイナスの感情に執着せず手放せるようになれれば、これから先の価値観が大きく変わっていく時代を迎えても、宇宙の力があなたの魂に味方してくれるでしょう。そして、希望の未来を切り開いていけると思います。

わたしも、そうやって生きてきました。

自分の意識さえ変えることができれば、誰にでもできるんです。

この本を読んで、「なるほど～そういうことなんだ」「やってみようかな」と思ったら、「あとで」「いま忙しいから」などと後回しにせず、いま、いま行動してください。

せっかくいま、気づけたのだから。

いまなんです！

そして行動するクセをつけてほしいのです。

行動するクセがつけば、必ず明るく希望にあふれた未来になりますよ。

過去世からのメッセージ

「幸せすぎて怖い」

「この幸せが奪い取られたらどうしよう」

なぜ、幸せなのにわざわざイヤな未来を想像するのですか？

なぜ、幸せなのに暗い気持ちになるのですか？

いまが幸せなら、これからもずっと幸せです。

それだけを信じて、生きて。

おとなになればなるほど、よけいな情報に惑わされる
おとなになればなるほど、よけいなプライドに惑わされる
おとなになればなるほど、よけいな感情に惑わされる
幼少期の好き嫌いがいちばん素直に自分の心を投影している

いま辛いなら、がんばるのをやめてひと休みしていい。
ちょっとくらい逃げてもいい。
心が笑えるようになれるなら、それがいい。

おわりに

子どもができなくて悩んでいるご夫婦がいました。

霊視をすると赤ちゃんが見えるのです。だから妊娠できるはずなんだけど、なかなかできない。

何年も体外受精に挑戦していて、顕微授精もうまくいかなくて。

それでわたしのところに相談にいらしていました。

ご主人がね、奥さんに萎縮しているんです。奥さんに対して、喋り方も態度も萎縮していました。

わたしは奥さんに言いました。

「精子も卵子も生きているのよ。旦那さんが萎縮しているように、精子もあなたの体内に入ってからぎゅーっと縮こまっています。それで子どもができないのよ。体外受精でも顕微授精でも同じ。萎縮したままだから受精できないんです」

だから、旦那さんを安心させて萎縮させないようにしないとね、って。

それがなんと！
次の次の年にね、赤ちゃんを連れてやってきたんです。
わたしはご夫婦に赤ちゃんが誕生することは見えていたから、赤ちゃんが生まれたことには、そんなに驚かなかったのだけど、ご夫婦が変わっていたのに、とてもとてもびっくりしました。

まず旦那さんが堂々としていました。弱々しさがなくなって凛とした感じになって。

奥さんは、軸のしっかりしたところは変わってないけど、まあるくふんわり、柔らかい印象になっていました。

後にも先にも、こんなに変わった夫婦を見たことがないです。聞けば、ご夫婦がそれぞれ、「自分を変えよう」「柔らかくなろう」って行動したそうです。

奥さんは自分でも自分の性格がキツいのを自覚していました。でも、なかなか直せなかった。旦那さんを蔑めているつもりはまったくないのだけど、人前で「この人こうだから」って旦那さんを否定するようなことをピシッと言っちゃうところがありました。旦那さんは旦那さんで、奥さんに何を言われても「うん、い〜よい〜よ〜」って受け入れていたのです。優しいといえば優しい。でも、弱いといえば弱い。自分の気持ちに蓋をして、逃げていたのだと思います。わたしには奥さんに怯えて萎縮しているように見えました。

わたしに指摘されて、おふたりそれぞれが、自分を変えようと努力して行動しました。結果、待望の赤ちゃんに恵まれたんです。

行動すれば未来は開けるんですよね。

とてもいいお手本のようなご夫婦です。わたしはこのご夫婦のことを、ずーっと覚えているだろうなあ。

最近は不妊に悩む人が多いですよね。それはきっと、便利になりすぎて、宇宙や自然の営みに背いた生活を送っているからだと思うんです。

宇宙や自然に沿って生きていれば、宇宙を味方にできて、不妊に悩むこともなくなります。けれど宇宙や自然に逆らって生きているから、味方にするのがなかなか難しい。人間もみんなトゲトゲしちゃってますしね。

地球も再構築のための解体が始まっています。

不安定な時代を生き抜くためにも、そろそろ経済最優先の生き方をやめ、宇宙や自然に沿った生き方に変えませんか。

科学で解明できないことや解決できないことってまだまだたくさんあります。

解明できないところに宇宙があって。そして、過去世である星のかけらの塊の魂が存在していて。わたしたちによりよく生きるための道しるべとなるメッセージを、0.2秒で魂が届けてくれて。メッセージを聞き逃さないためにも、宇宙や自然に寄り添って生きてください。これから先の不安定な時代には、魂からのメッセージがより一層、必要になります。

本書がみなさまの道しるべとなりますように。

２０２１年春　上地一美

207　直感力と感情のバランスがとれています。五感を研ぎ澄ませて、魂からのメッセージを受け取りましょう。

208　慈愛の心を持って相手と接してください。いまのままのスタンスでいれば、自然に道は開かれるでしょう。

209　望みや目標が叶う段階に来ています。信じる心と、未来を切り開く勇気を持って進んでください。

210　ポジティブな意識を保って希望を持ってください。必ずよい結果が得られるでしょう。

211　実際に起きていないことで不安になっていませんか？　自分自身を信じられるように、自分磨きをしましょう。

212　「自分を信じる」——言葉にすれば簡単ですが、失敗するとマイナス思考に陥りがちです。失敗しない人間なんていません。そこから学べるならそれが最善とポジティブに考えましょう。

213　魂からのメッセージを信じて行動してください。新たな道が開けるでしょう。

214　チャンス到来！　希望や夢が叶うまであと一歩です。自分を信じてそのまま進んでください。

215　魂が、希望を叶えるための無限の可能性の扉を開いています。自分が本当に望むことを優先させてください。

216　心に忠実な決断の時期です。いるもの、いらないものを明確にすることでバランスがとれるでしょう。

217　投げやりにならないで、自分の素直な気持ちと、現実的な悩みに折り合いをつけてください。

218　自分のひらめきをアピールする絶好のチャンスがやってきています。積極的に行動してください。

219　心のバランスをとりながら冷静に慎重に判断してください。宇宙はポジティブなあなたの味方です。

220　相手にどう思われるかといった不安を抱えているから悩むのです。前向きに行動することで未来は好転します。

221　変化を恐れるということは、宇宙の法則に抵抗しているということです。心からの感謝を忘れず変化を受け入れましょう。

222　物事に執着して、心と体のバランスを崩していませんか？　執着を手放して現状を受け入れ、心穏やかに過ごしましょう。

223　価値観が一致する人との出会いが訪れようとしています。自分のアイデア、ひらめきを周りの人に伝えてみましょう。

224　猜疑心が悩みの種になっています。これまでの思い出を振り返ることで、信頼や感謝が芽生えるでしょう。

188 いままでの前向きな意識が、人生の成功、繁栄を引き寄せています。過度にならず、楽観的でいてください。

189 自分を信じてリズムを崩さずに生きてきた結果、理想の人生を手にします。新たな目的へ進むために、さらなる目標にフォーカスしましょう。

190 魂からの小さなメッセージを見逃さないでください。どんな些細なことでも、直感を信じてください。魂は、近い未来に大きな幸せを引き寄せようしています。

191 新たな人生の幕開けが始まろうとしています。やりたいことがあるのに壁や障害だと感じるのは自分自身のエゴ。答えは、夢中になれるもの、興味があるものの中にあります。

192 何から始めるべきか、優先するべきものを魂に聞いてください。心ときめくものに取り組むことで、創造性が高まり才能が開花するでしょう。

193 自分がやりたいことの時間を削っていませんか？　スランプ状態を感じている環境を手放す勇気を持ってください。人生の再生のチャンスです。

194 自分が本当にやりたいことへの方向性が見つかります。遠くばかりを見ていないで、近くにあるチャンスを見逃さないようにしましょう。

195 人生において絶好のタイミングが来ています。自分にとって必要か不要かを整理して、目標に必要なものを揃えて進みましょう。潜在能力が開花して生きがいを感じられるでしょう。

196 ひとつの目標が達成して、次へのステージへ進むときです。楽観的に捉え、ポジティブな姿勢で取り組んでください。視点を変えることで、次の行動が見えてきます。

197 迷いがあるのなら、自分と向き合うことも必要です。決心できたら、行動してください。望む結果を引き寄せられます。

198 悩むことをやめて挑戦してください。結果はどうであれ、その挑戦はいい方向に進むでしょう。

199 どんな出来事に直面していたとしても、自分を肯定してください。過去のマイナスを手放すことで新たな未来を引き寄せます。

200 目の前のことを責任を持って果たしてください。ポジティブにまじめに取り組むことで未来への発展につながっていきます。

201 頭と心をクリアにして、自分自身と向き合ってください。新たなタイミングが訪れます。

202 問題や出来事が解決し、新たなスタートラインに立っています。新しいチャンスや出会いが訪れます。

203 周りの人たちからの協力によって奇跡を起こせるでしょう。感謝の気持ちを大切に、さらにポジティブでいてください。

204 経済的な面ばかりにこだわりすぎです。いまあるものに愛情と感謝の気持ちを忘れないようにしましょう。

205 思い悩む必要はありません。「なるようになる」と気楽に考えるくらいがいいでしょう。

206 新たな風が吹いて好機が来ています。恐れず、ポジティブに行動してください。

169 心と体のバランスが崩れようとしています。心の声、体の声に耳を傾けて、メンテナンスを心がけてください。

170 人生に繁栄と、夢の実現をもたらす宇宙のエネルギーが動き始めています。魂からのメッセージを信じて行動してください。

171 邪気が忍び寄っています。病気になってから基本を見直すのではなく、今日このタイミングで、自分の心と体の声に正直になってください。病気はメッセンジャーです。

172 いま、困難な状況に陥っているのかもしれません。でも、それは一時的なものです。過去の霊的な葛藤を解放して、勇気を持って先に進みましょう。

173 ライバルが現れたとしても負けることはないでしょう。頭で考えるのではなく、魂からのメッセージを信じて行動することで、幸せな未来を引き寄せます。

174 人生を険しいと感じ挫けそうになっているのかもしれません。魂のアドバイスに耳を傾け素直になって、信念を持って進んでください。

175 近い将来、夢が叶い、希望の実を結ぼうとしています。

176 本当にこれでよかったのか、と不安な気持ちに苛まれているのでは？　大丈夫です。いまはわからなくても、魂は幸せへと導いています。

177 人道的と非人道的、理想主義と現実主義、愛と憎しみといった両極端が現れやすくなっています。すぐに諦めないで感情のコントロールを心がけてください。

178 短気を起こし、攻撃的になっていませんか？　軽率な行動を起こさないよう、心を落ち着けて自分自身と向き合う時間をつくってください。

179 古い心の傷を解放するときです。人生の目標を達成するために、古いパターンを手放してください。

180 人生の岐路に立っています。原点に返り自分にとって何がベストなのか見直してください。

181 いままでの辛かった時期を乗り越え、方向性が明確になり新たな人生のスタートを切るときです。信念をもってポジティブに行動してください。

182 恋や人間関係の中で傷ついた痛みを癒してください。経験から得た知識（智慧）は、喜びに満ちた未来を引き寄せます。

183 人間関係に疲れを感じていませんか？　ひとりになって自然に触れる時間を意識して作ることで、自己愛に目覚めることができます。

184 Simple is best です。複雑に考えず、明るくポジティブな気持ちで過ごしてください。

185 新たな出会いは、自分へのメッセージを持っています。潜在能力を引き出してくれる存在だと気づいてください。

186 自分の中の潜在的可能性を見つけるときです。魂は、アイディアやインスピレーションを与えています。立ち止まらず行動してください。

187 新たなことを始めるときはリスクがつきものです。自信を持って、変化を恐れずに目標を達成させましょう。

151 人生に大きな変化の波が訪れようとしています。焦りは禁物。大切なものを見失ってしまうので、呼吸を整え落ち着いて行動しましょう。冷戦な判断と態度がポイントになります。

152 人生に必要な知識・智慧、インプットの時期です。心に描くアイディア、インスピレーションを積極的に受け取り、ポジティブに行動してください。

153 変化を恐れずに受け入れてください。どんな変化でも魂がもたらしてくれています。後悔や悲しい思い出は解放して、新たなステージへと進んでください。

154 新たなステージの始まりです。自分が考えていることが、ポジティブでもネガティブでも現実に投影されます。宇宙に漂う、プラスの星のかけらを味方につけるためにポジティブでいてください。

155 人生の選択をするときは、自分の心の声に忠実に決断してください。迷ったり、わからなくなったときは、魂に問いかけてメッセージをもらいましょう。

156 思い描き、行動してきたことで才能が開花しています。我を主張しすぎたり、ワンマンな態度にならないよう心がけてください。

157 片思い、復縁、結婚で悩んでいませんか？　ネガティブにならず、前向きな気持ちで自分から積極的に行動してください。

158 宇宙にいるプラスの星のかけらが味方しています。魂の声に耳を傾けて、メッセージを受け取ってください。

159 心配や不安を取り除くことで運気は上昇します。未来は楽しくなると信じて自ら行動してください。

160 何事にも上昇傾向が生まれ、願いが叶いやすくなっています。感謝の心を忘れず、魂のメッセージを信じて行動すれば、心と体の休息が得られるでしょう。

161 ポジティブな思考、行動をすることで、目標や夢の実現の可能性が広がり、経済面での繁栄へとつながります。

162 短気になったり嫉妬心を持ったりすると、運気が下降し破滅を引き寄せます。自分自身の気持ちや感覚、ビジョンを大切にして、魂からのメッセージを受け取りましょう。

163 欠乏感で行動していると、心の穴をお金、仕事、パートナーで埋めようとしてしまい、人生にトラブルばかりを引き寄せてしまいます。〈相手は自分を映す鏡〉です。相手からされていることを自分がしていることに気づいてください。

164 生活面での不安、将来への不安を抱えているのではないでしょうか？　すべての不安を魂にゆだねてください。奇跡的な方法で宇宙の協力を得ることができるでしょう。

165 望んでいた夢が叶うための実践のときです。ネガティブにならず前向きに行動しましょう。

166 執着を手放せば幸せを引き寄せることができます。理想を明確にして、ワクワクとした感情で過ごせば、理想を現実にすることができるでしょう。

167 ありのままの自分を認め、褒めてあげて、しっかりとしたビジョンを持って、迷わず進んでください。

168 金運、仕事運が上昇しています。自分の利益だけを追求しようとすると運を逃してしまうので気をつけましょう。

133　この世の中に完璧な人は存在しません。疑心暗鬼になることをやめて、あるがままを受け入れてください。

134　心配や不安で心を曇らせないでください。自分自身の感情をジャッジせず、認めることで気づきが得られるでしょう。

135　人生の転機です。どっちつかずの曖昧な状態から抜け出し、新たな方向性が見つかるでしょう。

136　自分の目標や夢に意識を集中させてください。魂は人の口を借り、言葉を借りてメッセージを送ってくることもあります。プラスのイメージを持ってください。

137　人を頼ることは恥ずかしいことではありません。感謝を忘れず、前向きに進むことで幸せな未来を引き寄せます。

138　後回しにしてきたことで、経済面での不安や心配が起きているのかもしれません。過度な思考、欲を手放して、目の前の幸せに気づいてください。

139　人生最悪な状況に直面していたとしても、幸せな未来を具体的にイメージすることで、よい方向へ進むことができます。

140　嫌なことを思い出して、ネガティブになることは誰にでもあります。魂が、人生での新たな出来事、人間関係を引き寄せています。ポジティブでいてください。

141　新しい挑戦が始まろうとしています。不安で行動できないと感じたら、深呼吸とともにネガティブな感情を吐き出し、リラックスしてください。

142　いまの状況は、未来のプラスの結果につながります。新しい協力関係を築きつつ、自信を持って前進してください。

143　143には〈I love you 愛してる〉という意味があります。未来の幸せについて真剣に考えるときです。古い罪悪感は手放して、自分の正直な感情に素直になって答えを出してください。

144　魂に善悪の判断は存在しません。自分の口癖、行動、心の持ち方ひとつひとつで、未来が変わります。自然音読で、宇宙を味方につけましょう。

145　プレッシャーを感じていても挑戦するときです。行動と、ポジティブな言葉で自分自身を幸せへと導いてください。

146　人間関係はギブ・アンド・テイクのバランスがとれていると、関係性が安定します。自分の気持ちを、どういう言葉でどう表現するかを考えて、相手に伝えましょう。

147　スランプ状態に陥っていると感じているとしたら、考えすぎているからです。直感を信じて行動してみましょう。

148　相手の言葉や行動を疑って被害妄想が強くなっていませんか？ 苦しんでいませんか？　前向きな思考に集中することで、経済と心、心と体のバランスがとれ、幸せな未来が築けるでしょう。

149　人間関係に大きな変化が訪れようとしています。執着は手放して、柔軟な心を持って行動しましょう。

150　運気を上昇させるか、下降させるかは自分の捉え方次第です。アファメーション、宇宙の法則を生かして、思い描く人生を引き寄せてください。

113 新たな希望が見つかります。魂からのメッセージに意識を向け、ポジティブ（肯定的）な行動をとってください。

114 人間関係に不調和が起きています。相手に期待するのをやめて、ありのままでいることを許してください。

115 魂が、人生で出会うべき人や物を引き寄せています。勇気を持ってチャレンジしてください。

116 現実は思考の投影です。自分の正直な感情を無視せず、向き合ってください。

117 自分の思考やフィーリングによって、人生が創造されています。このままの調子で進んでください。

118 嫉妬と怒りの感情から愛は育まれません。自分をジャッチするのをやめて、愛されていることに気づいてください。

119 経験から大きな気づきを得ています。いま起きている変化を、新しい始まり、チャンス、冒険と捉えてください。

120 期待に応えようとしすぎると自分を見失います。五感を癒し無限の可能性に気づいてください。

121 自分の思う通りに周りをコントロールしようとしていませんか？　ビジョンを実現する能力、カリスマ性があることに気づいてください。

122 ネガティブな人間関係は手放してください。魂に善悪はありません。ポジティブな思考が幸せな未来を創造します。

123 悩みや問題からは距離を置くか、客観的に見てください。いまはシンプルに考えてください。

124 自分が何を望んでいるのか決断するときです。自分の正直な感情と向き合ってください。

125 過去の罪悪感は手放して未来をどうするかを考えましょう。人生の計画を立て直し、魂のシナリオの書き換え、書き足しをしてください。

126 感情的なもつれ、曖昧な状態に折り合いをつけて新しい方向性を見出し、心に忠実な決断をしてください。

127 継続は力なり！　とにかくポジティブに考えることだけに集中してください。素晴らしい未来が待っています。

128 インスピレーションが冴えています。心と体をポジティブなエネルギーで満たしてください。

129 感情的な問題を解放する勇気を持ってください。バランスのとれた幸せを取り戻せるでしょう。

130 心身ともに不調を感じていませんか？　自分にとって楽しく、幸せに生きるとはどんなことなのかをもう一度考えてみましょう。素直さがポイントです。

131 心が敏感になっている状態です。運命の相手に出会ったとき、直感でこの人だと感じることができるでしょう。打算的にならないよう気をつけてください。

132 心配や不安といった感情に押し潰されそうになっていませんか？　感情のバランスをとり、自分に正直に行動することで、幸せを引き寄せ、次へのステップへ進むことができるでしょう。

093 トラウマによる恐怖から前に進めなくなっています。いちばん大事なことは、未来にポジティブなイメージを持つことです。

094 自分自身に意識を向けてください。すべての答えは自分の中にあります。自分のリズムを思い出して、夢を実現させましょう。

095 人生には、数えきれない感動があります。自分に与えられているものを受け入れて生きてください。目の前にある、愛に気づくことで心は満たされるでしょう。

096 生きていくことは変化すること。自然のリズム、宇宙のリズムをあるがままに受け入れてください。

097 なぜ?どうして?と考えるのをやめてください。五感が研ぎ澄まされ、大切なメッセージに気づかせてくれるでしょう。

098 変わりたいと思いながらも、変われないでいませんか?　言い訳をやめて、心地よいと感じることに意識を向けてください。自然に調和が生まれます。

099 愛されていることへの感謝の気持ちを忘れないで。幸せのぬくもりを感じることができるでしょう。

100 信じる勇気が必要です。何もしないでただ見守ってください。暗闇に光が差し込み、苦しみか解放されます。

101 闘いをやめて、自然体でくつろいでください。物事を客観的に見ることができます。

102 内面にある怒り、哀しみを解消してください。喜びと安らぎの未来を引き寄せることができます。

103 長く叶わなかった希望が叶うチャンスです!　自分自身を信じてポジティブでいてください。

104 満たされない苦しみ、葛藤による苦しみを抱えていませんか?　怒りを手放して、ありのままの自分を受け入れてください。

105 人生とは、生から死の間に存在するものです。自己犠牲をやめて、才能を開花させてください。誰にでも才能はあります。

106 困難な出来事に直面しても克服する強さがあります。自分を見失わないで、ポジティブなものへ意識を向けてください。

107 消極的、服従的になっています。誰かに頼らず、自分らしい人生を生きてください。

108 思い悩む必要はなさそうですよ。自分の人生に感謝して楽観的に過ごしていれば、宇宙を味方にでき、無限の幸せを感じられるようになるでしょう。

109 自分の力を信じて諦めないで。魂の声に耳を傾け、目標を達成させてください。

110 自分自身に許可を与えてください。自分を愛し、受け入れてください。答えは自分の中にあります。

111 思想、アイディアが実現しているときです。思うようにならないのは、自らの頑固さだと気づいてください。

112 自分の望む方向に進み出すためのサインに気づいてください。目標が達成し、幸福へと導かれます。

074　過去の感情パターンを変える努力をしてください。怒りは喜びに、哀しみは楽しみに自由自在に変換できるのですよ。

075　潜在能力が開花し、ユニークな観点から物事を捉えています。ネガティブな思考をポジティブに変えることを意識しましょう。

076　自己中心的に、自分が望む愛だけを求めていませんか？　深いところにある恐れを解放して、与えられる愛をすべて受け取ってください。

077　肉体的にも精神的にも調和がとれています。スピリチュアリティに成長を感じるでしょう。その調子でがんばってください。

078　瞑想やお墓参りをしてください。深い満足の気持ちは、感謝の心を通してやってきます。

079　感情面と霊的な側面とのバランスが崩れています。とても大切な人を亡くした深いショック、スピリチュアルなショックを解放してください。

080　人生の困難な出来事に光が差し込み、ビジョンが現実化します。慈愛の気持ちを大切にしてください。

081　人や出来事に反応しすぎて、自分自身に対して否定的になっています。

082　過去のスピリチュアルな葛藤から解放されています。奥深いところから湧き上がってくる幸福感を信じて自然の流れにまかせてください。

083　いま、ここにいることに困難を感じていませんか？　過去のスピリチュアルな面での虐待（迫害）の傷を解放することで潜在能力が開花します。

084　怒りと哀しみの感情を抑圧していますよ。自分や周りに共感しながら、自分を表現してください。深い直感が目覚めるでしょう。

085　子ども時代の感情を抑圧しています。子ども時代につくられたマイナスのクセを癒すことで、過去のブロックが取り除かれます。

086　クリエイティブな才能が開花しています。人とのコミュニケーションがとれて、潜在意識とつながるでしょう。

087　「このまま〜〜〜を続けていいのかな」と未来に不安に感じていませんか？　感情のバランスをとることで目標達成できます。そのまま進んでください。

088　ありのままの自分を受け入れられなくなっています。怒りを手放し、目の前にある幸せに感謝してください。

089　困難な問題が終わりに向かうでしょう。自分を正当化することをやめ、怒りを手放すことで問題や困難を克服できます。

090　人生が大きく変化しようとしています。一見、不幸な出来事に見えても、それは恩恵であり感謝です。

091　自分より幸せそうな人を羨ましいと感じていませんか？　マイナスの捉え方・考え方が、感情の面で人生を難しくしているだけなのです。

092　互いの主張がぶつかりやすくなっています。困難な出来事でも、経験と捉えチャンスにできる力を持っています。魂のメッセージを信じてください。

054 無限の可能性が開かれています。必要でなくなったもの、思い込みは手放してください。

055 意識をクリアに、古いものは手放して新しいものを取り入れてください。内側の奥深くで眠っていた、潜在能力が目覚めようとしています。

056 ネガティブな思考をポジティブに変換させてください。不思議とひらめきやよいアイデアが浮かんできます。

057 癖や習慣、持ち続けているストレスパターンに気づいてください。肩の力が抜けて、くつろぎや安心を感じるでしょう。

058 すべては陰陽のバランスでできています。無理をする必要はないですよ。ありのままでいてください。

059 自分をいたわり、正直な感情を意識してください「こうあるべき」と強く思い込んでいるものから少し距離を置いてみるのもいいですよ。

060 短気になったり、嫉妬心を持ったりしていませんか？ 些細なことを重要視しないでください。

061 過去の傷や悲しみを解放しましょう。過去の傷みや悲しみの思考が、あなたの人生に影響を与えています。

062 自分自身を決して責めないでください。魂からのメッセージを信じ、自分の道を迷わず進みましょう。

063 自分の居場所や環境が整い、安らぎを感じるでしょう。他者との距離感には気をつけましょう。

064 新しい始まりのチャンスが訪れています。不安や恐れは目的を見失ってしまいます。真実をしっかり見極めてください。

065 過去世のトラウマから生まれたマイナスのクセを癒してください。精神的・感情的、肉体的バランスがとれて潜在能力が開花します。

066 心配やストレス、恐れに苦しんでいませんか？ 育ってきた環境で刷り込まれたクセです。ネガポジ変換してください。

067 過度に自分と他人を比較してはいけません。奉仕の精神を持つことで、周りと順応できますよ。

068 静かにひとりでいることが楽だと感じているのかもしれません。それでいいのです。ありのままにスピリチュアリティを生きてください。

069 心からの感謝が満ちあふれています。当たり前の毎日が、実はありがたいことだということを忘れないでください。

070 人生を生きる楽しさを感じられるでしょう。ワクワクした感じ、喜びを忘れず、前向きでいてください。

071 地に足がついて順調に進んでいます。夢や希望が実現し、未来の幸せへつながります。

072 近い将来、いいニュースが入ってきますよ。直感のサインや魂からのメッセージに耳を傾けてください。

073 自分らしさとは何か？に気づいてください。常に明るく、元気でいなくてもいいのです！ 無理してがんばらなくていいのです。

034 断捨離、模様替えなどをして環境を整えると、ポジティブなエネルギーに満たされ、幸せを引き寄せます。

035 スピリチュアルな力が目覚め、魂からのメッセージに敏感になっています。五感をオープンにしていてください。人生の目標達成の可能性が広がっています。

036 人生の再生のチャンスです。いつもそばにいてくれる人を愛してください。幸せは目の前にあります。

037 大丈夫、魂に導かれて正しい道を歩んでいます。楽観的にありのままの自分でいてください。

038 経済と心、心と体のバランスがとれています。繰り返し起きるインスピレーションに意識を向けてください。

039 人生の目標に向かって行動を起こすときです。不安は行動の足りなさ、魂からのメッセージを信じて行動してください。

040 魂は、いつでも無条件で幸せへと導いています。これから訪れるチャンスに挑戦し、スキルアップしてください。

041 人は、やらなかったことを後悔します。夢が叶うことだけをイメージして、プラス思考で行動しましょう。

042 魂が、人の言葉を借りてメッセージを送っています。心を柔軟にして、素直に受け取りましょう。

043 静かな瞑想で呼吸を整え、気持ちを穏やかにさせてください。よりポジティブな方法がひらめきます。

044 すべての希望が叶えられようとしています。思いが魂に届いて幸せへと導いています。魂からのメッセージに従ってください。

045 目標やゴールも形を変えます。人生に必要な変化のとき。大丈夫です。勇気を持ってポジティブな変化を起こしてください。

046 物理的な不安や心配事に捉われていませんか？　楽観的な態度で、ストレス解消を心がけてください。

047 大丈夫！　直感は合っていますよ。このまま思考に集中し進み続けてください。魂はすぐそばで見守っています。

048 人生のひとつのステージが終わろうとしています。ネガティブな感情を持たないよう気をつけながら、新しいステージへ進んでください。

049 人生の目的に遅れないよう取りかかってください。目の前の出来事に、絶望的に立ち止まっていてはいけません。その先に幸せが待っています。楽しみにしてください。

050 心と体の調和が乱れていませんか？　スピリチュアルの世界に変化が起きようとしています。遺伝する病に気をつけてください。

051 すべてはいい方向に動いています。ネガティブな感情が出てきたら、捉え方、考え方をポジティブに変えましょう。

052 自分の望む通りに進んでください。それが、今世でのテーマで、真実です。

053 チャンスや可能性が広がっています。自分自身が、いまここに存在していることに感謝してください。

015 人生に必要な変化のときです。未来は自分で創れます。自分が望む方向へと舵を取ってください。

016 執着を手放してください。魂とのつながりが強くなっています。マイナスの言葉、思考はプラスにチェンジするよう心がけて。

017 望んでいたことが叶います。魂は、あなたのビジョンを現実化しようとしています。感謝の心を忘れないで。

018 人生の岐路に立っています。心に忠実な決断のときです。初心を思い出し、未来の繁栄だけをイメージしてください。

019 人生の周期の終わりと新たな始まりのとき。不安や執着心は手放し、次のステージへ進んでください。

020 長く抱えていた問題が終わりを迎えようとしています。多少、納得できなくても折り合いをつけるよう心がけてください。それは、魂からのメッセージです。

021 夢が達成し、幸せを引き寄せようとしています。卑屈にならず毅然とした勇気を持ってください。部屋の風通しや模様替えをすると、ポジティブなエネルギーをもたらしてくれるでしょう。

022 あなたがイメージしたことは、ちゃんと魂に届いています。喜と楽に、信じる心を持ち続けてください。宇宙が味方となり、奇跡を起こしてくれるでしょう。

023 新しいひらめきを魂がメッセージとして届けています。不安や動揺を感じるかもしれません。魂はすぐそばで見守っています。安心して行動を楽しんでください。

024 心と体のバランスが崩れようとしています。大丈夫！　あなたは一人ではありません。魂からのメッセージを信じ、リラックスして、心を平穏に保ってください。

025 未来につながる変化が起きています。信念を貫いてください。呼吸を整え、五感を研ぎ澄ませてください。

026 ありのままを受け入れましょう。互いの主張の一致点を見つけ調和を心がけてください。幸せはすぐそこにあります。

027 宇宙が味方しています。イメージ通りの、状況・環境を引き寄せています。魂からのメッセージを信じて進んでください。

028 富と繁栄の波動が起きています。心と体のバランスがとれて、経済的にも安定した幸福が訪れるでしょう。

029 宇宙が陰と陽のバランスをとろうとしています。失うものがあったとしても、それに代わるものが訪れます。すべてにおいて、心からの感謝を忘れないでください。

030 魂は、喜々楽々と楽観的に人生を送れるよう、メッセージを送っています。魂からのメッセージに従ってください。

031 夢や希望を魂に預けてください。心の状態がポジティブであれば、望みは叶います。

032 人の心に喜び、楽しみを与えてください。新しいアイディアがひらめき、人生のテーマが見えてきます。

033 お金への執着、心配を手放してください。信念は実現し結果をもたらしてくれます。

1日1回！

パラパラおみくじ

この本を手に取り、目を閉じて深呼吸します。
心が落ち着いたら、本をくるくる回し、好きなページを開きます。
開いたページが、本日のあなたへのメッセージです。

002 お互いの意見がぶつかりやすくなっています。優しさと調和、柔軟さで折り合いをつけましょう。感受性の共有で、陰陽のバランスが整います。

003 スランプと感じたら、楽観的に捉えたり、考えたりしてください。自分の魂や内なる過去世に導かれてください。宇宙のエネルギーが、味方してくれています。

004 チャンスの神様到来。挫折感や不調を感じているのかもしれません。でもここはがんばりどきです。プレッシャーを感じていても、恐れず挑戦してください。

005 才能開花のタイミング到来。肉体的、精神的、感情的、スピリチュアル的に成長しようとしています。優柔不断になったり、不安が芽生えたら、魂に問いかけてください。今世での目的を知っているのは、あなただけです。

006 すべてにおいて上昇傾向が生まれてきています。魂からのメッセージに集中し、思考のバランスをとってください。執着心はマイナスに作用します。ポジティブな行動を心がけて。

007 魂とのつながりが必要なときです。内なる声に耳を傾け、新しいスキルへ挑戦のための休息をとってください。安易な発想や行動はマイナス方向へ。

008 目標や夢の実現の可能性が広がっています。考えすぎたり、がんばりすぎたりせず、「楽観的に」を心がけて魂の声に従ってください。

009 人生のターニングポイントです。考えても、考えなくても方向性は見えています。心に忠実な決断をしてください。

010 いま、起きていることは、魂からのメッセージです。魂の声に耳を傾けてください。魂は、新しいアイディア、インスピレーションを与えてくれています。ポジティブに捉えることで、幸せな未来を引き寄せます。

011 魂と意識がつながって、直感力が敏感になっています。あなたのプラスのイメージが、現実に投影されています。繰り返し起こる、思考やインスピレーションに意識を集中させましょう。

012 過去に蒔いた種が芽吹こうとしています。ポジティブでいてください。宇宙のプラスのエネルギーが味方して、あなたが望む方向へと導いてくれます。

013 宇宙も魂も、あなたが人生のどのステージにいるのかを知っています。希望の光はすぐそこにあります。自分の直感を信じて魂からのメッセージに従いましょう。

014 いままで一生懸命し続けてきたこと、思い描いていたことが実現しようとしています。直感を信じて進んでください。

上地一美《うえちかずみ》

沖縄県宮古島市出身。予約の取れない霊能者。相談相手の魂にアクセスして、魂からのメッセージを人間の言葉に置き換え、多くの人を救ってきた。「沖縄で当たると評判の占い師」として話題となり、2010年にはフジテレビ「金曜日のキセキ」にレギュラー出演。「未来が見える〝未来鑑定士〟」として人気を集め、番組には1万通を超える相談内容が寄せられた。現在も沖縄で対面鑑定を続けるほか、最近ではオンラインによる対面鑑定も行っている。

過去世が教えてくれる幸せの法則

発行日　2021年5月24日　第1刷発行

著　者　上地一美
発行者　清田名人
発行所　株式会社内外出版社
〒110-8578
東京都台東区東上野2-1-11
電話　03-5830-0368（企画販売局）
電話　03-5830-0237（編集部）
https://www.naigai-p.co.jp

印刷・製本　中央精版印刷株式会社

Printed in Japan　ISBN978-4-86257-551-7